Giovanni Tridente

DIVENTARE VATICANISTA Informazione religiosa ai tempi del web

Giovanni Trident

DIVENTARE VATICANISTA
Informazione religiosa ai tempi del web

Prefazione di Luigi Accattoli

Edizioni Sant'Antonio

Imprint
Any brand names and product names mentioned in this book are subject to trademark, brand or patent protection and are trademarks or registered trademarks of their respective holders. The use of brand names, product names, common names, trade names, product descriptions etc. even without a particular marking in this work is in no way to be construed to mean that such names may be regarded as unrestricted in respect of trademark and brand protection legislation and could thus be used by anyone.

Cover image: www.ingimage.com

Publisher:
Edizioni Accademiche Italiane
is a trademark of
International Book Market Service Ltd., member of OmniScriptum Publishing Group
17 Meldrum Street, Beau Bassin 71504, Mauritius

Printed at: see last page
ISBN: 978-613-8-39176-0

A Laura
Pablo, Miriam e Chiara

SOMMARIO

PREFAZIONE

Sono vaticanista da più di quarant'anni: i primi sei a *La Repubblica* e il resto al *Corriere della Sera*. Ho incontrato gente importante dentro i giornali, in Vaticano e per il mondo. Mi sono tenuto aggiornato, ho viaggiato, con lo stipendio ho mantenuto i cinque figli e con questi vantaggi credo di aver pareggiato le amarezze di un mestiere veloce fino a risultare spietato, due volte scomodo quando si applica a un soggetto alto come la Chiesa, che i media commerciali inevitabilmente portano al loro livello. Che non chiamerò basso, ma che è di mercato.

In tanti anni di vaticanismo ho anche ottenuto vantaggi indiretti, che portano il risultato oltre il pareggio. Ho appreso l'arte di cercare e narrare storie di vita, che è un modo di amare l'uomo. Ho conosciuto un'etica severa del lavoro e della cittadinanza, che nel mondo dei media viene onorata anche quando non è seguita. Ho imparato l'umiltà. Ho avvicinato tanti uomini di Dio che mi hanno aiutato a credere e a restare umano.

Non posso dunque che incoraggiare chi voglia avventurarsi in questa specializzazione giornalistica. Il libretto di Giovanni Tridente fornisce una bussola per quell'avventura. Io aggiungo qualche consiglio sul rapporto tra il laboratorio del vaticanista e la redazione generalista dei grandi media. Tra il *desk* ben provveduto dell'accreditato in Vaticano, dove sono testi di storia e documenti in latino, e l'*open space* del "settore politico", o di "cronaca", dove questo professionista deve "vendere" il suo "pezzo" e deve contrattare lo spazio, contenderlo alla pubblicità o alla notizia scandalistica.

In quell'ambiente chiassoso e spregiudicato il vaticanista dovrà infine resistere alla nativa vocazione della comunicazione di massa a manipolare l'immagine della Chiesa, come e più d'ogni altra immagine di umanità associata.

I media infatti tendono a deformare la notizia religiosa. La deformano sia con il registro alto o ideologico, sia con il registro basso o spettacolare. L'effetto d'insieme è di una duplice deformazione dell'immagine della Chiesa: che il primo registro tende a costringere sotto specie politica, il secondo tende a relegare a notizia leggera.

Nel mercato dell'informazione, la notizia forte scaccia quella debole. E la notizia religiosa rischia di risultare debolissima ogni volta che si riduce a messaggio verbale, o a segnalazione di avvenimenti interni alla comunità religiosa. Essa invece può esser forte quando veicola un gesto o una storia di vita.

Non sempre il linguaggio della comunicazione ecclesiale aiuta il vaticanista nella sua lotta a difesa della notizia religiosa. Spesso infatti esso non è curato ai fini della sua comprensibilità nel più ampio contesto della vita associata a cui si rivolge la divulgazione giornalistica. Tale aspettativa – di una comprensibilità globale – non dovrebbe essere vista con sospetto dagli uomini di Chiesa: proporsi di raggiungere una comprensibilità mediatica significa avere cura che il linguaggio religioso abbia senso comune. In questo Papa Francesco offre un continuo insegnamento attraverso l'esempio.

Il vaticanista apprende presto che i gesti e i fatti possono essere più eloquenti dei discorsi: più eloquenti nella vita e nei media. Un esempio felice di "gesto" cristiano ottimamente veicolato dai media è la visita di Giovanni Paolo II ad Alì Agca nel carcere di Rebibbia, il 27 dicembre del 1983: il Papa che entra nella cella del suo attentatore e parla con lui per 21 minuti ebbe venti volte lo spazio che giornali e televisione avevano dedicato un anno prima all'enciclica "Dives in misericordia".

Altro esempio di felice comunicazione cristiana per gesti e fatti è l'intera avventura di Madre Teresa: una donna che quasi non sapeva parlare e diceva pochissime parole, ma che è riuscita a farsi capire da tutti – e a essere ottimamente divulgata dai media – attraverso le innumerevoli invenzioni del suo genio di carità.

A rendere più eloquenti i fatti rispetto alle parole non c'è soltanto la pigrizia dei media nell'era della televisione e del digitale. A ben vedere, alla radice di questo privilegio ecclesiale dei gesti e delle storie di vita c'è il fatto che in origine il messaggio cristiano è notizia e testimonianza. Dalla preferenza istintiva dei media per i fatti può venire uno stimolo significativo alla stessa comunità ecclesiale: non è senza motivo, insomma, questa attesa del mondo – veicolata dai media – che la Chiesa non dimentichi mai di accompagnare la notizia evangelica con la testimonianza che l'accredita.

E i fatti ci sono sempre nella Chiesa: è la loro comprensione e comunicazione che è generalmente inferiore alla loro consistenza. Il vaticanista può esercitarsi a comprendere questa dinamica profonda della comunicazione testimoniale della fede attraverso lo studio della predicazione per atti e gesti di Papa Francesco. Gli undici "Venerdì della Misericordia" con cui ha scandito la celebrazione del Giubileo straordinario possono essere intesi come undici piccoli capolavori di annuncio in segni e parole.

Luigi Accattoli
www.luigiaccattoli.it

PREMESSA

Informare sulla Chiesa cattolica richiede delle peculiarità che vanno al di là delle procedure classiche del "semplice" giornalismo: la sua proiezione sociale è vincolata in maniera inseparabile alla sua indole spirituale, e comprendere ciò è il primo passo per un racconto giornalistico fedele alle ragioni e all'identità dell'Istituzione.

Tale premessa apre la strada a diverse altre specificità da conoscere e approfondire, a partire dalla dinamica che caratterizza la "produzione" di informazione da parte della Chiesa stessa, legata al mandato originario del suo fondatore, ai principi che la animano e alla struttura gerarchica che la caratterizza.

Compreso ciò si può passare ad esaminare i canali da cui attingere il materiale da elaborare (fonti, documentazione), anch'esso molto specifico, senza tralasciare anche in questo caso l'aspetto formativo e di crescita professionale. Un buon supporto di comunicazione istituzionale permetterà poi di fare la differenza.

Prima parte

RIFLESSIONI INTRODUTTIVE

VATICANISMO OGGI E POSSIBILI NUOVI SLANCI

La nascita di una iniziale forma "strutturata" di vaticanismo per come lo intendiamo noi oggi può essere fatta risalire agli inizi degli anni Trenta del secolo scorso, sotto il pontificato di Pio XI, quando venne organizzato un primo embrione di sala stampa vaticana. Era la famosa "banda Pucci" – dal nome del prelato della Segreteria di Stato, Enrico, che l'aveva costituita – ad occuparsi di stilare le prime note informative vaticane e passarle ad agenzie e giornali.

Facendo un calcolo aritmetico, e considerando pressappoco un ventennio per ciascun salto generazionale, possiamo dire di essere giunti alla 5ª generazione di vaticanisti; una genealogia professionale, insomma, che è "sopravvissuta", fino ad oggi, a 8 pontificati...

Questa circostanza temporale può essere un valido motivo per porsi qualche domanda sullo stato della professione, e provare a ipotizzare possibili nuovi slanci.

A CHE COSA SERVONO LE FONTI

Vorrei partire dal tema delle fonti. Lasciando da parte quali sono, come ottenerle e come curarle mi soffermerò piuttosto a riflettere su "a che cosa servono".

Una prima domanda che viene da pormi è la seguente: le fonti, in questo ambito dell'informazione religiosa, servono per raccontare l'istituzione Chiesa (il suo sviluppo, il suo dinamismo, i progressi, in definitiva le novità che la riguardano) o piuttosto i retroscena (ciò che è sconosciuto ai più, ciò che è spesso difficile da provare, ciò che in definitiva può non essere vero ma è verosimile)?

E la risposta che mi do è che la diffusione/pubblicazione del solo retroscena, isolato da ogni contesto e presentato in solitudine, non dovrebbe assurgere al rango di informazione; siamo infatti di fronte ad un dato parziale, che sfugge al racconto generale di un avvenimento o di un cambiamento in atto, e serve soltanto, nel migliore dei casi, a sparare nel mucchio o a solleticare curiosità.

Lo stesso retroscena, novantanove volte su cento, è fatto di contenuti negativi, certamente parziale rispetto alla complessità dell'Istituzione nel suo insieme e per le eventuali persone che vi sono coinvolte. Eppure, la vera sfida non è raccontare le "cose brutte" della Chiesa (del Papa, della Curia, dei Vescovi e giù a scendere fino al sagrestano), il difficile è raccontare la complessità di un'istituzione millenaria che risponde alle molteplici inquietudini della società in tutto il mondo. Piuttosto che appiattirsi sulle *bad news*, che richiamano di per sé l'attenzione in modo istintivo, occorre invece portare in primo pianole informazioni rilevanti, anche quelle che di primo acchito non sembrano interessare a nessuno, eppure sono quelle con cui interpretare la realtà in cui viviamo con uno sguardo più profondo e adeguato alle situazioni di oggi.

Cercarle costa, e richiede di "uscire"...

Uscire... dal Vaticano

Uscire, innanzitutto, ...dal Vaticano, quindi dallo strettamente istituzionale. Superare cioè una concezione della professione dell'informatore religioso per la quale siamo solo interessati alle beghe di palazzo, a ciò che accade al di là delle Mura, e ci preoccupiamo quasi niente di ciò che avviene invece al di qua del Tevere.

Questa "uscita" coinvolge anche i nostri schemi mentali... e ci chiama a guardare le cose con una visione più ampia; ad ascoltare di più e a giudicare di meno – direbbe Papa Francesco – e non per moralismo, ma per correttezza professionale: prima di poter raccontare, devo aver compreso un minimo dei fatti che voglio narrare, e per comprenderli bene devo mettermi all'ascolto, azionare i sensi (vedere?), avvicinarmi il più possibile. Se resto chiuso nella mia torre d'avorio, non rendo un buon servizio né agli altri né a me stesso.

Guardare al popolo

Nel caso della Chiesa, non possiamo prescindere dal fatto che ci troviamo di fronte ad una realtà duplice, che ha una componente istituzionale (il Vaticano e le sue gerarchie) e una componente umana e spirituale (il Popolo di Dio, la gente della strada e la sua fede). Come vaticanisti oggi dovremmo guardare senz'altro ad entrambe, ma forse un po' di più al popolo, a coloro che edificano la Chiesa con la loro carne. Devo dare atto a Luigi Accattoli di aver intrapreso, da tempo immemore, questo tipo di esperienza, raccogliendo quelle belle "storie di Vangelo" da uomini e donne della strada, che testimoniano veramente ciò che dicono di professare, e che lui ha raccolto in diverse pubblicazioni.

Uscire significa anche verificare quanto l'indirizzo del Magistero attecchisce in mezzo a questo popolo, e dove particolarmente, fosse pure in Africa o ad Haiti.

Opinioni a tutti i costi

Si dice spesso che la gente non legga, che il numero delle tirature sia in perenne erosione, il mondo editoriale alla deriva; c'è insomma crisi di lettori. Ma siamo sicuri che le cose stiano veramente in questi termini? Piuttosto, leggendo alcune cronache e vedendo certi modi di fare informazione, mi viene il dubbio che ci sia crisi di... scrittori. Gli stessi scrittori che dovrebbero piuttosto "uscire", come accennavamo prima.

Se vogliamo riconquistare il lettore, forse dobbiamo imparare a rifuggire dalla tentazione del fare opinione a tutti i costi e spesso a buon mercato. Un giornalista che fa solo l'opinionista ha smesso di cercare i fatti, le storie, e la sua "opinione", se è in buona fede, è pur sempre limitata, perché non è più irrorata dal necessario contesto che ti porta – per continuare l'esempio – fuori dalla tua torre d'avorio.

Voglio dire, è giusto esprimere opinioni, meno giusto è semplificare la realtà in base alla propria limitata esperienza. Ripeto: non c'è nulla di male a comunicare agli altri il proprio punto di vista personale poiché è una tendenza tipicamente umana. Però semplificare è un modo – sbrigativo, direi – per aver meno paura della complessità e della libertà e così non assumersi alcuna responsabilità concreta.

Lasciarsi interrogare dai dubbi (quelli veri!)

Allora dovremmo imparare ad accontentarci un po' meno di ciò che ci viene dalla nostra esperienza che, per quanto illuminata, è pur sempre limitata. Sintetizzando in slogan ciò che ho detto, occorre imparare a: 1) capire oltre le apparenze; 2) pensare di non essere mai arrivati; 3) lasciarsi interrogare dai dubbi (quelli veri!).

Tornando Oltretevere e al Papa: per chi crede Egli è una guida ed è il pastore che conduce il gregge, successore del primo degli Apostoli e Vicario di Cristo; per chi non crede è il leader di 1 miliardo e 300 milioni di cattolici nel mondo: in entrambi i casi merita rispetto!

Quanto alla fonte primaria dell'istituzione Chiesa, possiamo dire che con gli anni è diventata un po' più trasparente; ultimamente forse un po' più tempestiva; e sicuramente cerca di aggiornarsi continuamente per migliorare...

Non esistono *fake news*

La sfida per noi giornalisti, piuttosto, è quella di rendere fruibile quella fonte, senza alterarla, al di fuori dei canali ufficiali: se il Papa ha detto "ciao Pippo", ed ho la possibilità di verificare che effettivamente l'ha detto, potrà non piacermi, potrò non essere d'accordo, ma del Papa sempre il suo "ciao Pippo" devo trasmettere, altrimenti – professionalmente – sto barando...

E probabilmente sto alimentando – e così mi collego al punto successivo – quel bacino di *fake news* di cui oggi il mondo, anche quello professionale, sembra tanto lamentarsi. Ma a lungo andare, per il tanto parlarne e il poco applicare, pure le *fake news* si stanno convertendo piuttosto in qualcosa di *fashion*, perché se le cito o le condanno *fa trendy*.

Allora dirò una cosa un po' fuori dal coro: le *fake news* non esistono! Una notizia o "è" ed è vera, oppure "non è". E se "non è", non esiste e non può neanche essere falsa. È tutta un'altra cosa: manomissione, inganno, un testo che scimmiotta l'informazione e la notizia... la possiamo chiamare come vogliamo, ma proviamo a recuperare anche l'importanza del linguaggio, in modo da riconquistare la dignità del lavoro che facciamo.

Fonti confidenziali

Un campanello d'allarme che ci deve far riflettere, visto che parliamo di fonti, è legato a tutto quel mondo delle interviste o rivelazioni concesse *off the record* (in via confidenziale). Se quello che mi stanno raccontando è “scottante”, io mi domanderei sempre: perché questo Cardinale o funzionario di Curia lo sta dicendo proprio a me? E perché se la cosa merita attenzione, la sta rivelando in maniera anonima? In questo caso io proverei ad ascoltare – cosa che comunque devo sempre fare – la cosiddetta “terza campana”.

Ciò non toglie che quelle informazioni che ho appena acquisito, casomai in forma anonima, mi servano come contesto per comprendere meglio quale sia il clima che si respira nei sacri palazzi. Ma se butto in pagina questo presunto dato scottante, isolato da tutto il resto, mi sto rendendo probabilmente complice di un regolamento di conti, o nella migliore delle ipotesi di un pettegolezzo da comari.

IL RUOLO DEI SOCIAL

Oggi si parla tanto dei *social* e della rivoluzione che questi hanno portato anche nell'ambito dell'informazione. Sappiamo bene, se guardiamo alle ultime statistiche, che circa il 35% delle persone oggi si informa principalmente attraverso Facebook e solo occasionalmente ricorre ai giornali. Si dice pure che sono proprio i social i maggiori diffusori delle cosiddette *bufale*.

Se riflettiamo un attimo, possiamo convenire che non può essere colpa del contenitore; farlo sarebbe allontanare il problema e ritirarsi (ancora una volta) nella propria torre d'avorio delle comodità. Il contenitore “vive” di quello che ci mettiamo dentro. E a riempirlo siamo noi, liberamente: nessuno ci obbliga a postare, infatti, una foto che ci ritrae o una dichiarazione d'amore.

Allora sopraggiunge la sfida, e una domanda: che uso vogliamo fare dei social? Intanto, per il giornalista, consultarli significa ampliare il proprio campo di indagine, perché è come avere a portata di mano un'agenzia di stampa 24 ore al giorno, e questo è sicuramente un regalo.

Per quanto riguarda il problema delle bufale o delle informazioni non verificate, si apre un vasto mondo in cui operare: portare anche in questo ambiente quel contributo di interpretazione della realtà, soppesando dati e ampliando il contesto, fornendo documentazione e approfondendo le discussioni, oltre ad avere un dialogo diretto e "senza filtri" con i lettori o con i protagonisti delle vicende che potremmo/vorremmo raccontare.

Una professione cambiata

Senza dubbio, grazie ai social – e per fortuna o purtroppo, direbbe qualcuno –, la professione è cambiata. Dal momento che tutti siamo *abilitati* ad acquisire globalmente dati e contenuti, ciò dimostra che non esistono più (forse perché non ce n'è più bisogno) i cosiddetti *mediatori* in senso classico, coloro che si frapponevano tra l'accaduto e il destinatario dell'informazione, presentandone una propria versione. Oggi ciascuno raggiunge direttamente "il luogo dell'accaduto" e ne legge i risvolti secondo la sua sensibilità.

Qui però subentra una necessità, ed è quella dell'*educazione*. Educare le persone, i cittadini, a "leggere" la realtà; educare se stessi, in quanto professionisti dell'informazione, a saperla leggere e raccontare. Educare la propria capacità "visiva" (di comprensione), educare a fornire le necessarie chiavi di lettura.

Formare e accompagnare le persone

Insomma, in questo nuovo contesto comunicativo e informativo siamo chiamati a formare le persone, ad accompagnarle, a chiarire loro i dubbi piuttosto che alimentarli, a semplificare i dati complessi. Noi non parteggiamo, offriamo piste interpretative per comprendere meglio.

Poiché non siamo più "padroni" dell'informazione, il nostro contributo di tempo ed energie deve essere disinteressato; dobbiamo amare la verità, che però è sempre più ampia rispetto a noi, non siamo noi! Può tornare utile leggersi o rileggersi, per chi lo avesse già fatto, il *Manifesto della comunicazione non ostile* firmato a Trieste il 17 febbraio 2017. Si tratta di 10 spunti consapevoli e altrettante applicazioni pratiche – per qualcuno forse scontati – che possono orientare la professione.

Ogni tanto, quindi, fa bene esercitarsi a lottare contro possibili atteggiamenti patetici e autoreferenziali; a superare quei *tic* che ci rendono monotematici nei racconti della realtà che facciamo o unidirezionali rispetto ai soggetti su cui scriviamo. Il giornalista non è un aizzatore di tifoserie precostituite e pre-elaborate. Piuttosto, è uno che "rompe le bolle", per usare un termine social, uno che aiuta ad uscire da quelle famose *echo chamber* (stanze degli echi) dove siamo già tutti d'accordo e ci osanniamo a vicenda.

Ecco, questo intendo quando faccio riferimento agli educatori e all'educazione in ambito informativo. Un lavoro da veri artigiani.

Nostalgia del "garzone"

Termino. A proposito di artigianato, duole dirlo, ma un'altra consapevolezza che dobbiamo assumere, se guardiamo allo stato odierno della professione giornalistica – e a tutte le professioni in generale –, lo dico con il massimo rispetto per tutti, è che negli anni è andata scemando la figura del garzone, colui che nella bottega dell'artigiano trascorreva la giovinezza per imparare il mestiere e, una volta che il mastro si ritirava per godersi la pensione, ne rilevava l'attività e soprattutto l'esperienza.

Forse sarebbe il caso di provare a riallacciare questo cordone ombelicale reciso, desiderando lasciare eredi, provando ad essere un po' meno gelosi della propria esperienza e un po' più educatori, formatori, insomma maestri nella professione.

Solo così potremmo dire di aver contribuito a cambiare un pezzo di mondo.

Seconda parte

BREVE CORSO SU COME RACCONTARE LA CHIESA

1. INTRODUZIONE

Come lo specchio, che mostra senza assumere posizione tutta la realtà che gli sta di fronte, così il giornalista che voglia informare sulla Chiesa cattolica deve in un certo senso comportarsi: "riflettere", mostrare al proprio pubblico (lettori, ascoltatori, spettatori) questa realtà come effettivamente essa è, con i suoi pregi e i suoi difetti, senza mai stravolgerne la natura, il senso e il significato di ciò che la appartiene o la caratterizza. Per questo, vi si dovrà opportunamente accostare, la dovrà conoscere nelle sue componenti e ne dovrà comprendere le dinamiche e le prassi, per poterle poi trasmettere con il giusto inquadramento, fedelmente alla verità della stessa Istituzione.

Il primo dato da cui non si più prescindere quando ci si pone la questione di informare sulla Chiesa è dunque la necessità di persone esperte e con una buona formazione, che sappiano inquadrare e trasmettere in maniera adeguata, comprensibile e soprattutto vera il "fatto religioso". La Chiesa, infatti, si caratterizza per una dinamica peculiare propria, che la distingue da qualunque altra entità secolare: oltre alla struttura e all'organizzazione *visibile,* possiede anche un elemento di "mistero" che la trascende e che supera la ragione umana. Il visibile di questo secondo aspetto si realizza e si manifesta nella vita – e nella fede – dei suoi membri, che a loro volta vivono nel mondo e partecipano del progresso della società.

Proprio ed anche per la sua peculiarità *spirituale*, la Chiesa si differenzia dagli altri tipi di istituzioni o organizzazioni anche nelle cose visibili e materiali, cioè nel modo in cui è organizzata, per il tipo di livello gerarchico, di autorità e di intervento nelle culture e nella società. Infatti, la sua proiezione "sociale" è vincolata in maniera inseparabile alla sua indole spirituale. Per queste ragioni, molto spesso, non è conforme alla sua natura utilizzare il linguaggio tipico dell'informazione cosiddetta "generalista". Tanto per citare un esempio, la figura del Cardinale – colui che, investito dell'ordine episcopale aiuta il Papa, la massima autorità ecclesiastica, nel governo della Chiesa – non è paragonabile a quella di "ministro" in un qualsiasi governo politico di uno Stato, perché in quanto Vescovo egli è Successore degli Apostoli – e perciò maestro nella fede, responsabile del culto a Dio e quindi servo del suo popolo –, e il suo incarico non ha un fine amministrativo ma è orientato al bene e alla salvezza della anime[1].

In questo testo, dopo aver accennato al rapporto tra Chiesa e *informazione* e alle specificità dell'informazione religiosa, centreremo l'attenzione su quelle azioni informative che interessano tale millenaria Istituzione, sia in senso diretto (come *soggetto*) che indiretto (come *oggetto*), e quali sono i soggetti concreti che le realizzano. Entreremo quindi nel merito delle *fonti* istituzionali – l'alimento imprescindibile per un giornalista – e sull'importanza della *documentazione*, offrendo anche qualche esempio concreto. Concluderemo con alcune piste per poter svolgere con professionalità questo lavoro e con una riflessione sull'importanza di un autorevole supporto di comunicazione istituzionale, che è senz'altro di ausilio ai giornalisti e in molti casi può anche prevenire possibili "crisi" di comprensione.

Non ci soffermeremo su quelle dimensioni che permettono di comprendere la dinamica ecclesiale (spirituale, di governo, giuridica ed economica), né spiegheremo il perché di alcune prassi ed esperienze istituzionali (la funzione del Papa, i gradi di pronunciamento del Magistero, l'organizzazione della Santa Sede, la Sede Vacante, ecc.), che sono comunque utili da conoscere per quanti si avvicinano a questa professione, ma che rimandiamo ad un approfondimento successivo[2].

---

1 Cfr. CONGREGAZIONE PER I VESCOVI, Direttorio per il ministero episcopale dei Vescovi *Apostolorum Successores*, 22 febbraio 2004; CIC, nn. 349-359.

2 Si vedano in particolare le sezioni C. (Chiavi di lettura per comprendere la dinamica ecclesiale) e D. (Il perché di alcune prassi ed esperienze istituzionali), in G. TRIDENTE (a cura di), *Teoria e pratica del giornalismo religioso. Informare sulla Chiesa cattolica: fonti, logiche, storie, personaggi*, Edusc, Roma 2014, pp. 235-362.

2. ALCUNE SPECIFICITÀ DELL'INFORMAZIONE RELIGIOSA

Per prima cosa bisogna assumere che Chiesa e informazione non si possono separare: così come non si può *informare* senza necessariamente attuare un processo comunicativo, è vero anche che non si può prescindere dal trasmettere una informazione quando si parla della Chiesa e della sua missione nel mondo. Intanto, perché la sua ragione d'essere è proprio la trasmissione di una *novità*, il Vangelo – la Buona Notizia –, e poi perché gode di una organizzazione istituzionale – alla quale appartengono evidentemente anche tutti e singoli i suoi membri – che ruota attorno alla comunicazione di questo contenuto.

In termini più precisi, parliamo qui del compito e della missione evangelizzatrice che spetta ad ogni battezzato. E che cos'è evangelizzare se non portare a conoscenza – *informare* – di un altro individuo la novità contenuta appunto nel Vangelo, e cioè la salvezza dell'uomo e del mondo per opera della misericordia di Dio? Chiaramente, siamo di fronte ad un contenuto di fede, religioso, che però è ricco di spunti legati all'attualità del momento storico che ogni individuo è chiamato a vivere, e per questo nuovo[3].

Abbiamo già detto che la Chiesa ha una caratteristica propria che la distingue dalle altre istituzioni secolari, ed è la sua componente di "interiorizzazione", per cui molte volte il contenuto da narrare può essere intangibile, e perciò difficile da interpretare o tradurre in numeri o opinioni. Il percorso diventa più semplice se ci si rifà agli atti "esteriori" della realtà religiosa che si deve raccontare, e quindi alle sue manifestazioni pubbliche (riti) o alle dichiarazioni dei suoi rappresentanti (discorsi, omelie, messaggi). Ma non è qui che si esaurisce il compito dell'informatore

[3] Questa dimensione al tempo stesso spirituale ed informativa si può approfondire in G. TRIDENTE, *Dimensione spirituale: trasmissione dei contenuti della fede*, in G. TRIDENTE (a cura di), *Teoria e pratica del giornalismo religioso*, cit., pp. 237-247.

religioso. Egli deve essere capace di penetrare e poi raccontare anche quel mondo intrinseco che caratterizza la religione.

Certamente, ciò che va evitato è semplificare il racconto di una realtà di fede con gli stessi canoni e criteri tipici di un qualsivoglia generico testo giornalistico. Seppure vanno rispettate le *routine produttive* (velocità, elementi di novità, brevità) non è giusto semplificare il racconto a danno di una realtà religiosa che per la sua complessità casomai non è facilmente adattabile a queste stesse routine. Altrimenti ecco spiegata la ragione di tanti "miti" a buon mercato, pregiudizi o luoghi comuni a danno della Chiesa. O il trattamento giornalistico tematico "a senso unico", cioè improntato soltanto a ciò che reca scandalo, è immorale (un'aberrazione per chi predica la "santità di vita"), mondano e via discorrendo. O ancora, in definitiva, il classificare l'istituzione religiosa secondo le categorie generaliste che non tengono conto delle sue peculiarità: un esempio può essere quello di far passare per "voce ufficiale" qualcuno che in effetti non lo è oppure parla a solo titolo personale; o il fatto di considerare soltanto l'elemento temporale della Chiesa, per cui si utilizza lo stesso linguaggio di un qualsiasi altro partito politico, soprattutto in caso di pronunciamento delle sue autorità.

Come suggerisce Pou Amérigo, è importante anche concepire, nel raccontare fatti religiosi, il ricorso ad un trattamento che non sia solo ed esclusivamente narrativo ma anche interpretativo, legato cioè a quei generi e formati che favoriscono l'approfondimento, come possono essere ad esempio il reportage, l'intervista ad un'autorità o la cronaca lunga. Questi generi "forniscono uno spazio per offrire chiavi che penetrino nel vissuto spirituale, negli elementi interiori e personali dell'essere umano, in interpretazioni che introducano il lettore nel complesso mondo della fede"[4].

C'è poi un ulteriore fattore di cui tener conto, soprattutto quando si analizza l'informazione religiosa, e cioè l'esistenza di due modi di concepire l'attività giornalistica di questo tipo: quella *professionale* e quella *attivista*. È sempre Pou Amérigo a fornire questa distinzione. "La visione professionale considera che l'informazione

---

[4] Cfr. M.J. POU AMÉRIGO, *El hecho religioso y su tratamiento periodístico: limitaciones y dificultades*, in "Estudios sobre el Mensaje Periodístico", Universidad Complutense, Madrid 2008, pp. 561-573.

religiosa è un contenuto giornalistico in più, che richiede un trattamento specifico derivato dalla sua specializzazione e che esige lo stesso rigore e le stesse regole di condotta professionale degli altri ambiti, cioè: verifica delle informazioni, selezione della notizia in funzione del suo interesse giornalistico, rilevanza delle fonti istituzionali, ricerca dell'interesse generale, separazione dell'informazione dall'opinione e distacco tra il giornalista e la sua informazione"[5]. I rischi connessi a questa visione, sono quelli di privilegiare un tipo di informazione semplificata, propensa alle situazioni conflittive e quindi favorire il ricorso a criteri che possono fornire una visione deformata – incompleta – del vissuto religioso.

Al contrario, la visione *attivista* considera l'informazione religiosa un tutt'uno con la diffusione della fede, poiché ritiene che il giornalismo religioso, ad esempio in ambito cattolico, debba condividere i fini della Chiesa e quindi essere al servizio dell'evangelizzazione. È chiaro che questo genere di giornalismo è più consono alla cosiddetta stampa istituzionale, appartenente a istituti o società religiose, e non si può operare contemporaneamente in un giornale generalista, soprattutto in un contesto sociale multi religioso, perché sarebbe evidente motivo di contrasti[6].

Questo "attivismo" può avere anche una matrice opposta, cioè contrario alla Chiesa o al fatto religioso in generale o ancora alla sua manifestazione esterna. Ed è a rischio di scadere nella propaganda, facendo passare per informazione ciò che poi in sostanza è un'opinione o un credo. Semplificando, si potrebbe dire con Pou Amérigo, che "in nome della diffusione di un messaggio religioso, il giornalista cade nell'errore di convertirsi in addetto stampa dell'istituzione religiosa". Senza considerare anche la tentazione di selezionare solo il tipo di dati che interessano o dimostrano la mia causa "evangelizzatrice", omettendo quelli che invece non la sostengono.

La giusta misura per non cadere negli estremi di entrambe le categorie – errata collocazione e presentazione del fatto religioso e mera propaganda spacciata per informazione –, sta ancora una volta nella formazione integrale (professionale, intellettuale e deontologica) del giornalista, che gli permette innanzitutto di ac-

---

[5] *Ibidem.*
[6] *Ibidem.*

quisire una capacità critica di fronte agli eventi e una conoscenza approfondita della realtà religiosa che è chiamato a raccontare.

La prospettiva *qualitativa*

"La notizia religiosa è importante come è importante la religione. È destinata dunque a occupare spazio e attenzione. Ha almeno lo stesso rilievo e la stessa frequenza delle notizie scientifiche", afferma Furio Colombo in un suo manuale, salvo aggiungere che "poiché i leader religiosi estendono inevitabilmente la loro attenzione al campo sociale e comunque al precetto dell'agire, è inevitabile che la notizia religiosa acquisti anche un carattere politico e che compaia – se non mischiata – fianco a fianco con le dichiarazioni di altri leader e le posizioni di gruppi non religiosi"[7].

A questo punto, sta all'informatore specializzato riuscire ad inquadrare nella giusta prospettiva la specificità del fatto religioso. Serrano Oceja parla a questo proposito di una doppia possibilità che, mutuata dalla sociologia della religione, può essere utile per inquadrare il lavoro giornalistico in questo ambito. Da una parte, c'è l'aspetto *quantitativo*, che descrive l'istituzione a seconda delle sue pratiche, delle sue categorie, dei suoi riti, della coerenza dei propri membri; dall'altra, l'aspetto *qualitativo*, che tiene conto del vissuto delle persone, di fatti concreti che manifestano uno stile di vita e il senso dell'appartenenza, che avvicina gli stessi protagonisti e apre con loro un vero e proprio dialogo (interviste in profondità). Questo secondo aspetto è sicuramente "più complesso ma reale se si vuole arrivare ad una comprensione specializzata certa" dell'argomento religioso[8]. Perché, appunto, ha la pretesa di voler indagare su ciò che è trascendente e che quindi supera il "visibile" del primo aspetto.

La prospettiva *qualitativa* tiene conto perciò di tutte quelle componenti sulle quali si giocano le differenze tra la produzione informativa in senso generale e quella prettamente religiosa. Oltre a tutto quanto già specificato in ordine sparso,

---

7 F. COLOMBO, *Manuale di giornalismo internazionale*, Laterza, Roma-Bari 1998, p. 114.

8 Cfr. J.F. SERRANO OCEJA, *Información religiosa especializada*, in J. FERNÁNDEZ DEL MORAL (coord.), *Periodismo especializado*, Ariel, Barcellona 2004, pp. 397-418.

potremmo qui distaccare altri cinque elementi di differenziazione: le tematiche, il linguaggio, gli scopi, l'effetto sui destinatari e la titolarità dei mezzi.

Nel caso delle tematiche, la distinzione è chiara, in quanto, come si diceva, si parla di una realtà che ha sia un aspetto visibile ma anche invisibile, che si può trarre eventualmente dagli atti visibili (culto, confessione, testimonianza) dei suoi membri. Avremo perciò temi prettamente religiosi (teologici, pastorali), di culto (manifestazione di fede), ma anche legati all'istituzione e alla sua organizzazione.

Sul piano del linguaggio, è risaputo che il giornalismo in senso generale parteggia per la sintesi, l'immediatezza, peccando non poche volte di improvvisazione o addirittura imprecisione, ma anche per ciò che è conflittuale, oscuro, scandalistico o spettacolare. Nell'informazione religiosa, invece, proprio per l'oggetto della trattazione, va privilegiato evidentemente ciò che è vero (non che non dovrebbe appartenere anche al primo tipo di giornalismo, anzi!) ma anche ciò che è buono e ciò che è bello. Raccontare questi aspetti, d'altronde, appartiene all'essenza stessa della Chiesa, come ha ricordato Papa Francesco ai rappresentanti dei media a tre giorni dalla sua elezione nel 2013[9]. E ciò trasparirà anche dalla retorica che si utilizzerà nel proprio racconto.

Quanto agli scopi dell'informazione religiosa, Thorn e Garrison ne hanno evidenziato alcuni: diffondere *educazione* religiosa, presentare *notizie di senso* per i fedeli, mostrare storie di fede, sviluppare discussioni intorno a temi morali, inquadrare nella giusta prospettiva temi importanti per la società[10].

---

[9] PAPA FRANCESCO, *Udienza ai rappresentanti dei media*, 16.III.2013, in w2.vatican.va/content/francesco/it/speeches/2013/march/documents/papa-francesco_20130316_rappresentanti-media.html. In una successiva occasione, ricevendo in Udienza i membri del Consiglio Nazionale dell'Ordine dei Giornalisti italiani, Papa Francesco si è soffermato su tre elementi che devono caratterizzare la professione giornalistica: "amare la verità", che "vuol dire non solo affermare, ma vivere la verità, testimoniarla con il proprio lavoro"; "vivere con professionalità", senza "sottomettere la propria professione alle logiche degli interessi di parte"; "rispettare la dignità umana", nella consapevolezza che "dietro il semplice racconto di un avvenimento ci sono i sentimenti, le emozioni e, in definitiva, la vita delle persone". PAPA FRANCESCO, *Udienza al Consiglio Nazionale dell'Ordine dei Giornalisti*, 22.IX.2016, in w2.vatican.va/content/francesco/it/speeches/2016/september/documents/papa-francesco_20160922_ordine-giornalisti.html

[10] Cfr. W.J. THORN – B. GARRISON, *Institutional Stress: Journalistic Norms in the*

Inoltre, c'è sempre da considerare l'effetto sui destinatari. Se da una parte l'informazione rivolta ai lettori-ascoltatori-spettatori serve ad aggiornarli su una determinata realtà accaduta, nel caso dell'informazione religiosa questa può anche avere un effetto "formativo" per quanti già appartengono all'istituzione ecclesiale, o aprire la possibilità ad una futura adesione di chi non ne fa parte ma rimane colpito da ciò di cui è venuto a conoscenza attraverso il mezzo informativo.

Per quanto riguarda, infine, la titolarità dei mezzi, in linea generale questi possono essere pubblici, privati, appartenenti a gruppi di professionisti o semplici imprenditori, apparentemente imparziali, generalisti... Nel caso della Chiesa, invece, poiché essa ne può detenere la proprietà, quando ciò avviene possono definirsi *istituzionali*. In questo caso diremmo che la stessa istituzione ecclesiale è "soggetto di comunicazione", poiché comunica attraverso strumenti che gestisce direttamente[11]. A questo concetto si può associare anche quello di "soggetto di informazione", quando cioè la Chiesa è essa stessa materia informativa (ad esempio per un atto pubblico o un pronunciamento), cosa che vediamo nei paragrafi seguenti.

Catholic Press, in "Review of Religious Research", vol. 25, n. 1, Settembre 1983.

[11] Cfr. J.M. LA PORTE, *Introduzione alla Comunicazione Istituzionale della Chiesa*, Edusc, Roma 2009, p. 230.

3. CHIESA *SOGGETTO* E *OGGETTO* DI INFORMAZIONE

Mutuando la proposta di La Porte[12] – a cui si rimanda per gli opportuni approfondimenti –, possiamo dire che la Chiesa è *soggetto* di informazione quando è essa stessa, attraverso i propri mezzi di comunicazione, i propri uffici e organismi e le proprie autorità o membri, a trasmettere all'esterno un contenuto informativo fatto di elementi di conoscenza nuovi per il pubblico, attività, iniziative, proposte spirituali che riguardano la sua organizzazione e la sua missione.

Si tratta evidentemente di un'azione *diretta*, poiché è l'Istituzione stessa che si pronuncia e lo fa a partire, ad esempio, dalla sua carica più alta, il Papa, attraverso i discorsi, i pronunciamenti dottrinali e finanche i gesti. Questo dinamismo presuppone allora che ci sia un *contenuto* da trasmettere, oltre a un *mezzo* da cui trasmetterlo.

Relativamente al contenuto, esso ha almeno due qualità importanti, che valgono sia quando la Chiesa è *soggetto* che *oggetto* di informazione. Da una parte, è *sempre uguale*, nel senso che appartiene al mandato originario che Gesù ha affidato agli Apostoli di annunciare il Vangelo a tutte le genti, in ogni epoca e in ogni luogo, fino alla fine dei tempi. Dall'altra, questo contenuto è *sempre nuovo*, e la sua novità è legata al permanere della Chiesa nella storia, coinvolgendo l'umanità "pellegrina sulla terra", qui ed ora. È un contenuto nuovo anche perché "universale" e quindi contemporaneamente "unico" per ciascuna persona che lo assume, che a sua volta lo implementa al suo dinamismo interiore, a seconda delle situazioni che si trova a vivere, e a seconda del proprio vissuto storico.

A questo punto è ancora più chiaro che proprio per la sua novità, attualità e proiezione universale (verso tutti), la Chiesa necessita di una organizzazione e una struttura che ne cura e garantisce la diffusione, e perciò ricorre a tutti i mezzi utili a questo fine. C'è da ricordare che questa trasmissione avviene anche indiret-

[12] Cfr. J.M. LA PORTE, *Comunicazione istituzionale,* in J.M. LA PORTE (a cura di), *Introduzione alla Comunicazione Istituzionale della Chiesa*, Edusc, Roma 2009, pp. 229-232.

tamente attraverso i gesti, il buon esempio o il ricorso alla corretta interpretazione di un determinato aspetto della propria missione da parte delle sue autorità e dei suoi membri.

Quando la Chiesa è *soggetto* di informazione essa si assume anche la responsabilità che il messaggio arrivi "bene", "male" o "poco chiaro" al pubblico. Per cui, è fondamentale in questo ambito la preparazione, la competenza e, perché no, le "attitudini informative" dei suoi membri, o quantomeno di coloro che si occupano di "cucinare" la notizia, come si dice in gergo. Non va dimenticato che, sempre in questo caso, oltre a fare informazione si fa anche *formazione*, dottrinale e spirituale, perché il contenuto che viene trasmesso ha quasi esclusivamente questo tipo di impostazione.

Parallelamente, la Chiesa è *oggetto* di informazione quando ciò che dice e ciò che fa, attraverso le sue autorità, istituzioni o singoli fedeli, è di interesse per l'opinione pubblica ed è consono con le regole dell'attualità (ha valore *notiziabile*) e perciò diviene appetibile ai mezzi di comunicazione, che a loro volta lo rilanciano nell'universo mondo.

In questo caso si tratta di un'azione *indiretta* poiché, seppure l'informazione che viene trasmessa riguarda le opere, le attività, i pronunciamenti e quindi le diverse "azioni" dell'Istituzione, non è essa stessa a gestirne la trasmissione – come nel caso precedente – ma è qualcuno che "le fa dire" qualcosa.

Tale contenuto, pur rispettando i canoni del giornalismo e dell'attualità, può godere di buona ma anche cattiva copertura, nel senso che può essere aderente o meno al suo significato reale. Ciò può dipendere da numerosi fattori, tra cui si potrebbero citare come esempi, certamente non esaustivi: la *simpatia* nutrita dal cronista verso la Chiesa; l'*adesione* ai suoi insegnamenti, la *preparazione* e la *formazione* di chi è chiamato a raccontare una simile realtà.

Seguendo un ordine decrescente, possiamo adesso elencare per grandi insiemi i diversi "soggetti" che contribuiscono a generare e ad alimentare questo processo informativo. Parliamo delle *istituzioni*, delle *persone* e dei *mezzi*.

Rientrano tra le *istituzioni* della Chiesa, ovviamente la Santa Sede con la Curia Romana, le Conferenze Episcopali, le Diocesi, le Parrocchie e tutti gli altri organismi cattolici, a cominciare dagli Istituti di vita consacrata, i movimenti, i gruppi missionari, ecc.

Il materiale informativo che questi soggetti producono – sia che poi lo trasmettano direttamente attraverso i propri mezzi, sia che vengano ripresi dai mezzi di comunicazione secolari – riguarda ad esempio le dichiarazioni ufficiali (di indole dottrinale, legate ai costumi, al culto, ai riti); le iniziative religiose o assistenziali; la propria organizzazione, ad esempio in termini di crescita e sviluppo (pensando all'erezione di nuove Diocesi o parrocchie); le opere propriamente dette di evangelizzazione o missionarie.

In quanto alle *persone*, sono soggetto (producono) e oggetto (il loro pronunciamento e il loro operato è di interesse per l'opinione pubblica) di informazione, innanzitutto il Papa, in quanto Vescovo di Roma, Vicario di Cristo e "somma istituzione" della Chiesa; i Vescovi, i Parroci, i Superiori Religiosi, il laicato cattolico.

Le informazioni che questi generano riguardano principalmente il Magistero della Chiesa (pronunciamenti sulla dottrina e sulla fede); la diffusione dell'insegnamento cristiano attraverso l'attività pastorale e la catechesi; l'esempio e la testimonianza di fede mediante gesti e scelte di vita. Quest'ultimo punto non sempre è tenuto in debita considerazione, eppure nell'opinione pubblica l'"immagine" è quasi sempre più importante delle parole, soprattutto se c'è in gioco la coerenza, la credibilità e l'affidabilità di chi per propria missione è chiamato ad essere un riferimento, oltreché un richiamo morale per gli altri.

Infine, ci sono i *mezzi*, che sono soggetto di informazione per il possesso proprio che la Chiesa ne ha, in quanto, in questo caso, diventano fonti per altri mezzi di comunicazione. Sono invece oggetto di informazione in tutti quei casi in cui la Chiesa si pronuncia dando delle indicazioni magisteriali sul loro utilizzo e le loro finalità. Annunciando, cioè, quel "come dovrebbero essere" che a partire dal Concilio Vaticano II ha generato una ricca e più influente tradizione[13].

[13] Si veda in proposito, D. ARASA, *Il Magistero della Chiesa cattolica sulla comunicazione*, in J.M. LA PORTE (a cura di), *Introduzione alla Comunicazione Istituzionale della Chiesa*, Edusc, Roma 2009.

4. LA FORMAZIONE

Prima di ogni altra cosa, come è noto, al giornalista spetta il compito di attingere alle fonti, che possono essere *primarie/attive* o *secondarie/passive*, ovvero i fatti stessi di cui è testimone o le informazioni messe in circolazione da organismi o dai loro rappresentanti, in maniera ufficiale oppure ufficiosa. Il secondo passaggio chiave, prima di mettersi a raccontare l'avvenimento, riguarda la verifica e l'attendibilità di queste fonti, così da garantire una diffusione di notizie reali o, perlomeno – giacché attentamente verificate –, verosimili, evitando così di incorrere nelle soluzioni riparatrici della rettifica e della smentita.

Accanto alle attitudini personali della curiosità, della perseveranza, dell'onestà intellettuale e dell'indipendenza, senza tralasciare una sempre utile dose di umiltà, è però fondamentale affiancare anche una specifica preparazione a carattere tecnico e culturale. E ciò è vero soprattutto nell'odierno contesto comunicativo, dove è necessario lo sforzo suppletivo di rifuggire dalla tentazione di attingere a piene mani dalle notizie *online*, sapendo contemperare le maggiori opportunità offerte dalla Rete con quel metodo tradizionale della professione, improntato alla verifica personale delle informazioni, all'approfondimento, al rifiuto di accontentarsi del piatto già "cucinato", consapevoli che "dietro ogni notizia c'è un mondo da scoprire"[14].

Un modo di procedere consapevole, a maggior ragione, di quanto l'informazione non sia soltanto un veicolo di diffusione di notizie ma un meccanismo che coinvolge e talvolta travolge la vita delle persone. Proprio per questo si rende necessario un solido senso di responsabilità che, più che lo *scoop* o il mero protagonismo, sappia garantire un'informazione di valore anche sotto il profilo morale,

---

[14] A. PAPUZZI, *Professione giornalista. Tecniche e regole di un mestiere*, Donzelli, Roma 1998 e 2003.

riconoscendo quindi nel giornalismo uno strumento di trasmissione e di produzione di valori[15].

Qui si inserisce, inevitabilmente, un preciso senso etico e una chiara assunzione di responsabilità, che consistono nell'accettare di rispondere con i propri atti a ciò che si riconosce essere vincolante, per sé e per gli altri. Questioni che emergono con chiarezza dai numerosi codici di autoregolamentazione e che, in questo caso specifico, fanno riferimento al concetto cardine di "pubblico interesse", secondo il quale – come annoverato nella Carta dei doveri del giornalista italiana – il professionista "deve rispettare, coltivare e difendere il diritto all'informazione di tutti i cittadini; per questo ricerca e diffonde ogni notizia o informazione che ritenga di pubblico interesse, nel rispetto della verità e con la maggiore accuratezza possibile"[16].

Quanto sinora detto vale anche per quanti si occupano di informazione religiosa, comunemente definiti *vaticanisti*, chiamati a seguire il magistero del Papa e, più in generale le vicende della Chiesa. I prodromi di questa professione si possono ricondurre all'operato di Silvio Negro (1897-1959), non solo perché il suo giornale – il *Corriere della Sera* – fu il primo a prevedere stabilmente questa figura, ma soprattutto per le capacità professionali e l'equilibrio con cui seguì le vicende della Chiesa, dal pontificato di Pio XI a quello di Giovanni XXIII.

A seguito della firma dei Patti Lateranensi, nel 1929, ci fu un generale interesse verso le cronache vaticane, senza che però le testate prevedessero stabilmente un esperto in materia. Fu, come detto, il *Corriere della Sera* ad avvertire questa necessità e lo stesso Negri, già in forza al giornale, subentrò come vaticanista a Francesco Turchi, rimosso in tronco per aver "bucato" la notizia dell'uscita di Pio XI in carrozza, per una passeggiata al Gianicolo[17]. Era il 1931 e da allora Negri diventò il vaticanista per eccellenza, stimolando peraltro le altre testate a prevedere una figura analoga, concentrata esclusivamente sulle vicende del mondo cattolico.

---

[15] M. URE, Filosofia della comunicazione, Effatà Editrice, Cantalupa (To) 2010, p. 147.

[16] Carta dei doveri del giornalista - Documento CNOG-FNSI, 8.VII.1993, in www.odg.mi.it/sites/default/files/modulistica/carta_dei_doveri_del_giornalista_-_8_luglio_1993.pdf

[17] G. COSTA - G. MEROLA - L. CARUSO, *Giornalismo e religione*, Libreria Editrice Vaticana, Città del Vaticano 2012, p. 450.

Possiamo dire che è da questo momento che si sviluppa l'informazione religiosa, passando da settore di nicchia a una disciplina professionale che ha ormai trovato spazio in tutte le testate, anche di matrice laica, con una conseguente maturazione del linguaggio accessibile a tutti, senza la necessità di specifiche conoscenze dell'ambiente ecclesiale[18].

Dicevamo prima che la comunicazione della fede ha in sé una particolarità unica: il contenuto che va a trasmettere oltrepassa l'oggettività degli eventi e va a toccare l'interiorità delle persone, siano essi credenti o no. Una consapevolezza che dovrebbe accompagnare, in ogni momento, quanti fanno informazione religiosa, assieme alla certezza che per trasmettere certi tipi di messaggi ed essere credibili, è necessario esserne i primi testimoni.

Ancor più che in altri ambiti informativi, questo tipo di cronaca necessita innanzitutto di una vasta preparazione culturale e, in particolare, di un aggiornamento approfondito e costante sui documenti magisteriali ma anche su tutti quei mondi che entrano in contatto con le tematiche affrontate dalla Chiesa. Si va dalle problematiche a carattere sociale alla storia, dalle caratteristiche politico-economiche dei Paesi al diritto, dalla finanza alla teologia e così via, in un flusso continuo di stimoli. Perché il Vaticano, oltre ad essere la sede della massima autorità morale per oltre un miliardo di credenti, è anche uno Stato e come tale segue specifiche procedure a carattere interno e di politica internazionale.

L'ambito che richiede maggior sforzo è sicuramente quello inerente la comunicazione della fede. Oltre ai caratteri generali di chiarezza, intraprendenza, indipendenza, umiltà, capacità di ascolto e voglia di imparare sempre qualcosa di nuovo – come caratteri tipici della professione, dicevamo anche prima – qui è necessario anche un grande equilibrio che consenta di trasmettere i contenuti della stessa fede con la passione e la gioia di colui che ha qualcosa da raccontare e

---

[18] Per un approfondimento della figura del vaticanista, si veda M. TOSATTI, *Chiesa e informazione: storia di un rapporto*, in G. TRIDENTE, *Teoria e pratica del giornalismo religioso*, cit., pp. 35-46; mentre per una panoramica più dettagliata sullo sviluppo del giornalismo religioso, si veda A. BAILLY-BAILLIERE, *Giornalismo e giornalismo religioso: nascita e mutamenti*, in G. TRIDENTE, *Teoria e pratica del giornalismo religioso*, cit., pp. 59-72.

da condividere con altri, senza cedere al protagonismo o alla partigianeria. Infatti, la particolarità dei temi trattati, unita alla possibilità di raccontare e di vivere da vicino un'istituzione antichissima e con una storia ricca di simbologie, e alla relativa vicinanza con una figura affascinante come quella del Papa, inducono talvolta a un protagonismo che fa perdere di vista il senso più profondo del proprio ruolo, il dovere di osservare sempre un certo distacco dagli avvenimenti, proprio a garanzia dell'imparzialità dell'informazione.

La centralità nel proprio lavoro, sia chiaro, spetta sempre e in ogni caso alla notizia, da trattare in maniera sobria e senza spettacolarizzazioni: "non bisogna mescolare le proprie idee e convinzioni a carattere religioso con quello che si va a raccontare. Questo la gente lo avverte moltissimo e se uno pensa di fare il catechista in televisione, credendo di essere la quinta colonna della Chiesa, sbaglia perché deve comportarsi da giornalista serio, capace di mantenere un equilibrio"[19], afferma a questo riguardo Elisabetta Lo Iacono.

La tentazione da cui rifuggire è dunque quella di convertirsi in una "recluta dell'esercito del Papa", pronti a fornire un'informazione più propensa ad esaltare che a raccontare, e così rendendo un pessimo servizio alla Chiesa, al pari di quello opposto di chi fornisce a priori una lettura negativa dei fatti, per la distanza da quel credo o magari per una scarsa simpatia nei confronti del pontefice regnante. In fin dei conti si tratta di atteggiamenti comuni a tutti gli ambiti dell'informazione, eppure, come spiega Ruggeri, "chi si occupa di religione ha, rispetto a tutti gli altri comunicatori, un dovere ancora più pressante di correttezza e di uso appropriato delle parole e delle immagini, perché andiamo a toccare sensibilità profonde. E questo vale non solo per la religione cattolica"[20].

Il segreto sta dunque nel parlare degli avvenimenti della Chiesa e della fede con appassionata oggettività, "attraverso un amore per il proprio mestiere e per i temi trattati che non deve però slegarsi da quell'approccio oggettivo e obiettivo che rappresenta uno dei cardini della professione. In questa missione di verità e di

---

[19] E. LO IACONO, *Se mi sbaglio mi corrigerete. La rivoluzione comunicativa di Giovanni Paolo II*, ODC, Roma 2008, p. 195.

[20] G. RUGGERI, *Inculturazione della fede. Evangelizzazione della cultura - I mass media e la missione della Chiesa*, Tau Editrice, Todi (Pg) 2010, p. 102.

trasparenza potrà aiutare "l'adozione di un linguaggio improntato alla chiarezza, attingendo a un vocabolario che eviti i termini da addetti ai lavori e che, al contempo, non banalizzi né spettacolarizzi, neppure sotto il profilo lessicale, quanto si va a raccontare"[21].

Sempre Ruggeri è convinto che "per comunicare il messaggio della salvezza in maniera coinvolgente e convincente, occorre un linguaggio che favorisca al massimo la comprensione, ricorrendo anche a immagini, metafore e narrazioni che abbiano risonanza e sappiano raggiungere e toccare in profondità. È necessario perciò esprimersi con un linguaggio che risulti familiare ai nostri contemporanei e che, insieme, sia autenticamente cristiano nella sua logica"[22].

Come si vede, non c'è nulla da inventare; piuttosto è richiesto un approccio privo di condizionamenti e di pregiudizi dinanzi ai fatti, considerato che tutto dipende da come ci si pone di fronte al reale, dal punto di vista, dallo sguardo e soprattutto dalla profondità spirituale dello sguardo di cui siamo capaci, come comunicatori e testimoni, come spiegava in una delle rare interviste il compianto vaticanista della Rai Giuseppe De Carli[23].

Ritornando all'aspetto della professionalità, oltre ad una indispensabile predisposizione naturale fatta di curiosità intellettuale, senso della notizia, capacità di ascolto e di relazionarsi con gli altri , è richiesta una costante formazione, che deve far acquisire i segreti del mestiere, che poi vengono provati sul campo attraverso la pratica e l'esperienza degli anni; sempre De Carli amava ripetere che la prima nemica di questo particolare tipo di professione è l'improvvisazione[24].

In effetti, il bagaglio culturale di chi vuole fare informazione religiosa è assai ampio, in considerazione che la particolarità del settore non può limitarsi a un semplice rendiconto cronachistico ma deve consentire di interpretare, contestualizzare e rendere i fatti – spesso complessi e appartenenti alla sfera spirituale – in forme e linguaggi accessibili a tutti.

---

[21] E. LO IACONO, *La formazione del giornalista di informazione religiosa,* in G. TRIDENTE, *Teoria e pratica del giornalismo religioso*, cit., p. 82.
[22] G. RUGGERI, *Inculturazione della fede,* cit., pp. 28-29.
[23] Intervista a Giuseppe De Carli, "Messaggero di Sant'Antonio", giugno 2010.
[24] *Ibidem.*

Non dovranno perciò mancare elementi di conoscenza biblica e teologica, da ampliare guardando alle altre religioni, ai loro libri sacri, alla storia, per cogliere e rendere appieno i segnali di dialogo tra culture e credo differenti, con la consapevolezza di come la conoscenza sia già un primo passo verso il rispetto e la comprensione reciproca. Tra le varie competenze ci sono sicuramente anche quelle linguistiche, compreso il latino la cui rilevanza è emersa con forza l'11 febbraio 2013, nel concistoro ordinario passato alla storia per l'annuncio della rinuncia al pontificato da parte di Benedetto XVI. Un appuntamento, proprio per le sue caratteristiche di routine, poco seguito e men che meno in tempo reale dai giornalisti. Eppure quella mattina la "declaratio" del Papa, trasmessa a circuito interno sui monitor della Sala Stampa Vaticana, è stata immediatamente capita dalla vaticanista dell'Ansa Giovanna Chirri che, attingendo alle reminiscenze dei suoi studi classici, ha compreso le parole in latino pronunciate da Benedetto XVI e così ha potuto dare per prima la notizia della rinuncia.

Dato poi l'elevato "ecclesialese"[25] che spesso caratterizza la religione, è senz'altro utile acquisire opportune competenze di linguaggio, per poter declinare in termini correnti e alla portata di tutti quel lessico specialistico. Il divario tra la tradizione dello stile ecclesiastico e quello della moderna comunicazione era già stato messo in risalto dal cardinale Giovanni Battista Montini, futuro Beato Paolo VI, che rimarcava come "bisogna essere antichi e moderni, parlare secondo la tradizione ma anche conformemente alla nostra sensibilità. Cosa serve dire quello che è vero se gli uomini del nostro tempo non ci capiscono?". A questo riguardo, può essere utile seguire anche un piccolo *Glossario di terminologia sulla Chiesa cattolica,* che avevamo già raccolto[26] e che riproponiamo nella sezione successiva.

C'è anche un ulteriore elemento che, nonostante possa apparire come negazione della comunicazione, dovrebbe rientrare nella formazione dei futuri vaticanisti: la capacità di ricorrere al silenzio, facendone parte integrante di una sorta di "ecosistema" che sappia equilibrare parola, immagini, suoni e, appunto, il silenzio, come ha ben spiegato il Papa emerito Benedetto XVI nel Messaggio per la 46ª

---

[25] Cfr. R. BERETTA, *Il nuovo piccolo ecclesialese illustrato*, Ancora, Milano 2013.
[26] G. TRIDENTE, *Teoria e pratica del giornalismo religioso,* cit., pp. 365-396.

Giornata mondiale delle comunicazioni sociali[27]. Non si tratta, ovviamente, di omettere o tacere notizie ma di imprimere una maggiore rilevanza a quanto viene detto e scritto. "Educarsi alla comunicazione vuol dire imparare ad ascoltare, a contemplare, oltre che a parlare, e questo è particolarmente importante per gli agenti dell'evangelizzazione: silenzio e parola sono entrambi elementi essenziali e integranti dell'agire comunicativo della Chiesa, per un rinnovato annuncio di Cristo nel mondo contemporaneo"[28].

Ciò permette al silenzio di farsi parte integrante della comunicazione, in ogni sua fase, perché "là dove i messaggi e l'informazione sono abbondanti, il silenzio diventa essenziale per discernere ciò che è importante da ciò che è inutile o accessorio"[29]. Inoltre, "una profonda riflessione ci aiuta a scoprire la relazione esistente tra avvenimenti che a prima vista sembrano slegati tra loro, a valutare, ad analizzare i messaggi; e ciò fa sì che si possano condividere opinioni ponderate e pertinenti, dando vita ad un'autentica conoscenza condivisa"[30]. Questi concetti sono stati poi ribaditi anche da Papa Francesco nel successivo Messaggio del 2016[31].

Un metodo di lavoro raccomandato anche da Giovanni XXIII che, oltre a sottolineare l'importanza di saper osservare la vita della Chiesa, sosteneva che il giornalista cattolico deve capire come "a fianco della Chiesa che parla, v'è talvolta la Chiesa che tace; come una madre di famiglia prudente, essa ricorre alla parola e all'esortazione, ma essa sa anche, all'occasione, usare della discrezione e del silenzio: discrezione e silenzio che hanno la loro ragion d'essere e di cui un figlio attento e devoto sa trovare l'interpretazione"[32].

---

[27] BENEDETTO XVI, *Messaggio per la 46ª Giornata mondiale delle comunicazioni sociali sul tema "Silenzio e parola: cammino di evangelizzazione"*, 20.V.2012, in w2.vatican.va/content/benedict-xvi/it/messages/communications/documents/hf_ben-xvi_mes_20120124_46th-world-communications-day.html

[28] *Ibidem.*

[29] *Ibidem.*

[30] *Ibidem.*

[31] Papa FRANCESCO, *Messaggio per la 50ª Giornata mondiale delle comunicazioni sociali sul tema "Comunicazione e Misericordia: un incontro fecondo"*, 22.I.2016, in https://w2.vatican.va/content/francesco/it/messages/communications/documents/papa-francesco_20160124_messaggio-comunicazioni-sociali.html

[32] GIOVANNI XXIII, *Discorso ai partecipanti al congresso di direttori di giornali*,

Un ultimo elemento, non certo secondario, che abbraccia quanto finora detto sulla formazione, riguarda l'etica professionale che, al pari di tecniche e linguaggio, deve rappresentare l'*abc* della professione. Per approfondire questo aspetto, che riguarda la responsabilità, il rispetto dei valori umani, il dovere di documentarsi e della verità, si rimanda al dettagliato contributo di Rafał Leśniczak e Norberto González Gaitano, raccolto nel manuale *Teoria e pratica del giornalismo religioso*[33]. Per i due autori, la vera "spina dorsale" del giornalista è composta dai principi etici, dalle regole professionali e dagli standard di buone pratiche, che indicano la strada sulla quale si realizza il processo di informare l'opinione pubblica. In altri termini, "una vera informazione è sempre una giusta sintesi interpretativa dei fatti che ne offre il vero significato e senso"[34].

28.v.1962, in w2.vatican.va/content/john-xxiii/es/speeches/1962/documents/hf_j-xxiii_spe_19620528_stampa.html

[33] R. LEŚNICZAK – N. GONZÁLEZ GAITANO, *L'etica nell'informazione religiosa*, in G. TRIDENTE, *Teoria e pratica del giornalismo religioso*, cit., pp. 199-222.

[34] *Ibidem*, p. 222.

5. LE FONTI E LA DOCUMENTAZIONE

Le fonti di un giornalista – indipendentemente dal campo di specializzazione in cui opera, o anche in assenza di un settore specifico di interesse – sono il suo problema più acuto, il suo tesoro più prezioso e la sua preoccupazione costante, racconta Marco Tosatti[35], vaticanista. Da esse dipende la qualità dell'informazione che fornisce, la sua credibilità e di conseguenza il suo status professionale.

Il problema, visto da parte dell'utente, non perde di importanza, anzi: la qualità dell'informazione che si recepisce dipende da quanto sono buone e affidabili le fonti della notizia pubblicata. Inoltre, si può considerare anche un terzo aspetto e cioè il compito e l'onere di "essere" una fonte.

A margine di tutto, resta comunque chiaro che affinché il giornalista possa compiere efficacemente il proprio lavoro, è auspicabile che abbia fonti attendibili. Accennavamo prima al fatto che non tutto ciò che uno scrive può essere materiale di prima mano, fatti e avvenimenti di cui sia stato testimone oculari. L'importante, invece, è avere chiara la gerarchia delle proprie fonti, per poter valutare a priori l'attendibilità della notizia e per modulare in base ad essa il grado di "impegno" che si vuole porre nell'informazione da offrire. Perché no, rendendo partecipi i destinatari della complessità e della delicatezza di questo processo.

Le fonti "romane"

La fonte istituzionale principale per chi voglia fare informazione religiosa da Roma è costituita dalla Sala Stampa della Santa Sede[36], la quale emette un bollettino quotidiano in cui viene dato conto dei discorsi e dell'attività del Pontefice e

[35] M. TOSATTI, *Le fonti di chi fa informazione religiosa,* in G. TRIDENTE (a cura di), *Teoria e pratica del giornalismo religioso,* cit., pp. 95-103.

[36] Per un approfondimento sul ruolo e le funzioni della Sala Stampa della Santa Sede, si veda C. BENEDETTINI, *La Sala Stampa della Santa Sede,* in G. TRIDENTE (a cura di), *Teoria e pratica del giornalismo religioso,* cit., pp. 47-56.

dei suoi collaboratori, oltre ad avvisi e note, tutto con la supervisione della Segreteria di Stato.

C'è poi il sito Internet del Vaticano (*www.vatican.va*), disponibile in otto lingue, tra cui il cinese, che è una preziosa miniera di informazioni e materiale d'archivio su tutta l'attività della Santa Sede e dei Papi e sull'organizzazione dello Stato della Città del Vaticano e della Curia Romana.

Un ulteriore approdo è rappresentato dal recente "*content hub*"[37] dei media della Santa Sede, denominato CEM (*Centro Editoriale Multimediale*), il quale raccoglie in un unico centro di produzione multimediale testi, immagini, audiovisivi e podcast radiofonici in multilingua, ed è anch'esso messo a disposizione in Rete con il nome di Vatican News (*www.vaticannews.va*). Si tratta di un Portale unico d'informazione vaticana, erede più immediato di organismi un tempo autonomi e oggi qui integrati grazie al processo di riforma di tutti i mezzi di comunicazione della Santa Sede[38], due su tutti la *Radio Vaticana* e il *Centro Televisivo Vaticano*, giuridicamente unificati assieme al Servizio Internet Vaticano, al Pontificio Consiglio delle Comunicazioni Sociali e alla Sala Stampa della Santa Sede. Oggi i contenuti radiotelevisivi vengono fondamentalmente rilasciati con la denominazione *Vatican Media*, mentre quelli prettamente informativi *Vatican News*. Solo per la città di Roma e provincia, e in Italia su DAB+, è stato conservato il servizio

---

[37] Cfr. G. CARDINALE, "*Così la Chiesa sta cambiando la propria comunicazione*", "Avvenire", 25.IX.2016, p. 19.

[38] Il processo di riforma della comunicazione della Santa Sede, che si inserisce in quello più ampio della Curia Romana, è stato avviato da Papa Francesco con il motu proprio *L'attuale contesto comunicativo* del 26 giugno 2015, con il quale ha istituito la Segreteria per la Comunicazione: https://w2.vatican.va/content/francesco/it/motu_proprio/documents/papa-francesco-motu-proprio_20150627_segreteria-comunicazione.html. Lo Statuto di questo nuovo Dicastero è stato invece approvato il 6 settembre 2016 *ad experimentum* per tre anni: https://w2.vatican.va/content/francesco/it/motu_proprio/documents/papa-francesco_20160906_statuto-segreteria-comunicazione.html. Con un rescritto ex Audientia SS.mi del 27 febbraio 2018, Papa Francesco ha rinominato la Segreteria in "Dicastero per la Comunicazione", mentre il 5 luglio ha posto al suo vertice il primo laico alla guida di un Dicastero vaticano, il giornalista Paolo Ruffini, già direttore di *Tv2000*, la rete televisiva della Conferenza Episcopale Italiana, e per diversi anni impegnato nella tv generalista.

Radio Vaticana Italia, che può essere ascoltata anche in streaming sullo stesso Portale unico multilingue.

In ogni caso, la decennale esperienza di programmi e produzioni in più lingue ha da sempre costituito una fonte di notizie preziosa per la vita dei cattolici, e un arricchimento e un aiuto irrinunciabile per i professionisti dell'informazione religiosa stessa. Senza dimenticare le trasmissioni "in diretta", che costituiscono uno strumento impagabile nella copertura degli avvenimenti di maggior rilievo. *Vaticannews.va*, pertanto, non solo punta a coprire le diverse lingue ma anche le diverse tecnologie e i vari formati di qualità, per assicurare che la voce del Papa raggiunga tutti gli angoli della terra, declinandosi perciò a seconda delle possibilità degli utenti.

Non può passare inosservato, altresì, tutto quanto pubblica *L'Osservatore Romano*, quotidiano "ufficioso" (non ufficiale) della Santa Sede (*www.osservatoreromano.va*). Questa qualifica gli permette un certo margine di libertà di azione e di commento, così da non restare imbrigliato nella maglie strette di una Gazzetta Ufficiale, ruolo che in alcuni casi e in determinate occasioni comunque riveste. La sua importanza come fonte deriva dal fatto che oltre a – rari – editoriali o commenti della direzione o ascrivibili direttamente alla Segreteria di Stato, quindi al principale e più diretto organo di collaborazione del Pontefice, può ospitare interviste a responsabili di rango del governo della Chiesa. In questo modo è in grado di fornire dettagli e approfondimenti di grande valore.

Né si può trascurare il lato più specificamente "italiano" della questione; il Papa è tale perché Vescovo di Roma, e i legami fra la Chiesa italiana e la Santa Sede sono stati e restano fortissimi, a dispetto dell'internazionalizzazione crescente della Curia, e non solo per problemi "territoriali". La Conferenza Episcopale Italiana (CEI), il cui sito (*www.chiesacattolica.it*) ospita quotidianamente un'importante e molto ricca rassegna stampa dei giornali italiani, costituisce certamente una grande fonte informativa istituzionale. Strettamente collegato alla CEI c'è poi il *Servizio d'Informazione Religiosa* (*www.agensir.it*), nella versione italiana ed europea. Si tratta sostanzialmente di un'agenzia di informazione cattolica quotidiana ma non limitata alla Chiesa in Italia; in essa trovano spazio dichiarazioni e notizie provenienti dall'Italia e dal mondo. Nel 2018 è stato anche lanciato il portale #CEInews (*www.ceinews.it*), che aggrega e valorizza tutti i media della Conferenza Episcopale Italiana (agenzia, quotidiano, tv, radio e web) con Focus di approfondimenti, hashtag tematici e vari rimandi alle app e ai social media collegati, oltre ad alcune dirette streaming degli eventi più importanti della Chiesa italiana.

Sempre parlando di siti istituzionali o para-istituzionali, cioè legati a organismi ed enti della Santa Sede, non si può non ricordare l'agenzia della Congregazione per l'Evangelizzazione dei Popoli *www.fides.org*, anch'esso un organo d'informazione a servizio delle Pontificie Opere Missionarie attivo dal 1927.

Questo per quanto riguarda le fonti istituzionali, o almeno alcune fra di esse; altri organismi della Santa Sede, o ad essa collegati, hanno iniziato a disporre di uffici e addetti stampa e realizzano in proprio bollettini o newsletter periodiche per rendere conto della vita e delle iniziative del proprio settore. Tra questi, un'attenzione di riguardo merita concedere alle Università Pontificie, che ogni anno ospitano a Roma circa 20.000 studenti provenienti da decine di Paesi e Diocesi di tutto il mondo.

La documentazione

Un ulteriore aspetto di cui tener conto è quello della documentazione, che secondo Angela Ambrogetti ha piuttosto la missione di facilitare la conoscenza della verità[39]. Non a caso, prima di scrivere un buon libro, un buon rapporto scientifico o un buon articolo non si può prescindere da questa attitudine di raccolta dati previa (documenti, informazioni di contesto, precedenti storici, ecc.), che va di pari passo con l'esame delle fonti, di cui abbiamo già detto.

Oggi, con la diffusione della Rete, sono evidentemente cambiati i metodi per la documentazione, ma non il motivo, la necessità, e anche la passione per cui un giornalista deve documentarsi prima di scrivere un articolo, anche se brevissimo.

---

[39] A. AMBROGETTI, *La documentazione,* in G. TRIDENTE (a cura di), *Teoria e pratica del giornalismo religioso.* cit., pp. 105-118.

Resta il rischio della fretta e della velocità che caratterizza l'attuale ritmo della produzione giornalistica, problema che si pone soprattutto per le agenzie, che sono in concorrenza tra di loro, ma anche per i quotidiani e i periodici. I motivi, in genere, dipendono da una frettolosa organizzazione redazionale, ma anche dalla supposta "necessità" di arrivare primi. Invece, un buon giornalista, come spiega sempre Ambrogetti, deve soprattutto "arrivare meglio".

Ciò significa che una verifica in più evita spesso di dare informazioni errate sulle quali poi, per l'effetto valanga della comunicazione contemporanea, si creano opinioni e commenti sbagliati che vanno nel senso opposto alla verità dei fatti. E a poco serviranno smentite e correzioni tardive. Tra l'altro, bisogna assumere la consapevolezza che se questo tipo di errori è grave nella politica o nell'economia (si può anche condizionare il mercato o una elezione per una svista), lo è ancora di più nel campo dell'informazione religiosa. Perché, piaccia o no, la religione guida e condiziona la vita di centinaia di milioni di persone.

Documentarsi per un evento religioso

L'ambito di documentazione che qui ci interessa è fondamentalmente legato alla copertura di un evento religioso, che nella maggior parte dei casi viene annunciato con utile anticipo. Pensiamo ad esempio a una Giornata Mondiale della Gioventù, un Conclave, un Concistoro, un Sinodo dei Vescovi, perché no un Giubileo, una Celebrazione pontificia o diocesana. In questi casi, è ovvio che la prima ricerca documentale ormai parte dal web. Basta cercare una parola chiave per avere migliaia di occorrenze. Però si pone la questione di essere certi della correttezza dell'informazione, ed è in questa direzione che bisogna incidere.

Per cui, bisogna innanzitutto indirizzarsi verso i siti istituzionali. Nel caso della Santa Sede si è già detto del *vatican.va* e della piattaforma informativa *vaticannews.va*. Tramite queste pagine è possibile consultare tutti gli altri servizi, da quelli radiotelevisivi a quelli prettamente informativi, compreso il sito de *L'Osservatore Romano* con il suo archivio, o quello dell'agenzia specializzata sulle missioni *Fides*. Non mancano, in particolare sul sito vaticano, sezioni dedicate alla documentazione, a specifici dossier o alla ricerca per categorie di notizie, così come si può sempre contare sullo specifico lavoro svolto in tal senso – come già accennato – dalla Sala Stampa della Santa Sede.

Ad esempio, tutto quanto è ritenuto da segnalare viene inserito in un bollettino settimanale, distribuito anche all'esterno, che prende il nome di *Previsioni*. Oltre agli appuntamenti legati all'attività del Papa, sono presenti eventi ecclesiastici di tutte le Chiese del mondo, ma anche Giornate internazionali e avvenimenti politici significativi.

Altra documentazione a disposizione dei giornalisti riguarda i dossier delle visite "ad Limina", che le Conferenze Episcopali realizzano in Vaticano ogni cinque anni per incontrare il Papa e i membri dei Dicasteri della Curia Romana. I testi raccolgono la storia del Paese, sia ecclesiale che civile, politica ed istituzionale. Ci sono poi dati statistici sulle Diocesi, sulla situazione della Chiesa del Paese interessato, una selezione dei discorsi del Papa in occasione di precedenti visite o di Udienze con Vescovi, diplomatici e politici.

Può essere utile consultare all'occorrenza alcune riviste specifiche, tra cui ad esempio la *Civiltà Cattolica*, o gli Annuari pontifici e gli *Acta Apostolicae Sedis*, così come le pubblicazioni ufficiali dei vari Dicasteri della Curia Romana.

Anche per i giornalisti che seguono l'attività della Santa Sede e non risiedono a Roma la documentazione si è oggi semplificata grazie all'accesso alla Rete e alla variegata offerta di Siti web dedicati[40]. In alternativa, c'è sempre il metodo più generale di ricorrere a Biblioteche o pubblicazioni specializzate, fermo restando che l'unica vera bussola per orientare una buona ricerca restano il tempo e l'esperienza.

Questione di professionalità

Indipendentemente da tutto, chi fa informazione, al di là che sia specialista in religione o cronista generalista, se vuole rendere professionale e soprattutto utile al bene comune il suo operato, è chiamato a rispettare criteri della professione

---

[40] Un sito molto aggiornato e ricco di dossier è *Il sismografo* (ilsismografo.blogspot.com), raccolta di links in 5 lingue su notizie della Chiesa Cattolica, Ecumenismo e Dialogo interreligioso, Ebraismo, Chiese ortodosse, Protestantesimo, Islamismo, Vaticano, Santa Sede. Tra i siti da consultare c'è anche *documentazione.info*, che presenta fatti, documenti, dati, sui temi che sono spesso oggetto di dibattito.

che valgono in qualsiasi situazione. A questo proposito, Buddembaum[41], offre una sorta di decalogo sulle caratteristiche che uniscono sul piano professionale sia i giornalisti propriamente detti che coloro che invece si specializzano nel campo della religione. Questi punti riassumono idealmente anche tutto ciò che ci siamo finora detti.

Al primo posto c'è la *preparazione*, utile ad acquisire quel background necessario per avere una chiara visione del mondo e poter così leggere adeguatamente le connessioni dell'aspetto religioso con la realtà globale circostante.

È importante considerare bene il *proprio pubblico*, i destinatari del proprio lavoro. Infatti, occorre valutare le varie sensibilità, la necessità e il diritto delle persone a conoscere ciò che accade, il loro livello di formazione e la capacità di comprensione, e quindi adattarvi i temi e il linguaggio.

Un giornalista deve anche avere l'attitudine a *pensare in generale,* a guardare al contesto circostante, senza limitarsi ad esempio a ciò che riguarda la singola istituzione o realtà, consapevole inoltre degli effetti che determinate decisioni e scelte hanno sull'insieme della società.

A questo punto, negli Stati Uniti si direbbe che nel proprio lavoro bisogna rispettare sempre il *First Amendment*, che tradotto nel nostro contesto significa salvaguardare la libertà di espressione e il diritto all'informazione di tutti i cittadini, compresa dunque la libertà religiosa e il diritto di culto.

Legato a ciò c'è l'opportunità, come dicevamo, di *evitare la partigianeria*, nel senso che si può fare buon giornalismo in ambito religioso senza cadere nella mera propaganda. Il discorso è diverso nel caso la proprietà dei mezzi appartenga all'istituzione religiosa oppure ci si esprima in un editoriale o una colonna d'opinione.

Ugualmente, bisogna *interessarsi anche alle altre confessioni* perché riportare credenze, opinioni e pratiche religiose è parte della capacità di mostrare il significato, gli scopi, l'influenza e le implicazioni della religione nella vita delle persone.

---

[41] Cfr. J.M. BUDDENBAUM, *Reporting News about Religion. An Introduction for Journalists,* Iowa State University Press, Iowa 1998, pp. 189-195.

C'è poi il motto *Show. Don't Tell*, ossia far parlare ai fatti, mostrare esperienze, credenze, vissuti delle persone, testimonianze, perché questi comunicano più di tante parole o interpretazioni.

Fondamentale è riservare *attenzione al linguaggio*, usando termini chiari, comprensibili, che informino e non si prestino a cattive interpretazioni e neppure si trasformino in stereotipi o facili generalizzazioni.

Tra gli ultimi aspetti imprescindibili di questo lavoro c'è il *controllo finale* di quanto si è scritto, prima di andare in stampa o pubblicare da qualche parte, per non commettere errori, anche di semplice aderenza ai fatti. Qui rientra pure tutto il lavoro di preparazione e contestualizzazione che si accennava precedentemente, che in questa fase può quindi dare i suoi frutti.

6. L'AUSILIO DI UNA BUONA COMUNICAZIONE ISTITUZIONALE

Di fronte a questo panorama, l'esperienza insegna che una maggiore disponibilità di comunicatori istituzionali significa una migliore comprensione del fatto religioso, in quanto questi possono spiegare, dall'interno dell'istituzione, quegli aspetti che possono risultare "intangibili" all'esterno e a chi non ne è parte. Ciò prevede la predisposizione dell'istituzione ad una comunicazione *fluida* con i professionisti dell'informazione, e questa attitudine non significa annacquare il discorso giornalistico o pilotare l'informazione, ma agevolare una lettura più coerente della propria realtà. Infatti, in questo modo vengono offerte chiavi ulteriori di comprensione, necessarie ad una contestualizzazione (storica, intenzionale, delle responsabilità) più completa degli avvenimenti, che soltanto chi è parte dell'istituzione conosce[42].

Probabilmente, proprio l'assenza di personale specializzato è la principale causa delle imprecisioni o inesattezze che spesso si registrano sui media, perché ai giornalisti manca un vero e proprio ausilio integrativo. Quindi optano per un percorso più breve ed immediato, raccontando soltanto ciò che è poco chiaro, conflittuale, misterioso nel senso di nascosto o tenuto nascosto.

Oltre alla scarsità di comunicatori, molto spesso c'è anche il fattore "imprevedibilità", per cui di fronte ad un'assenza di programmazione, l'istituzione si trova

[42] Un approfondimento a questo riguardo può giungere dagli Atti dei Seminari professionali biennali promossi dalla Facoltà di Comunicazione Istituzionale della Pontificia Università della Santa Croce, un punto di incontro qualificato tra quanti operano negli Uffici di comunicazione della Chiesa e i giornalisti che si occupano di informazione religiosa. Nel 2016 (28-30 aprile) si è svolta la X edizione, sul tema *Participation and sharing: managing Church Communication in a Digital Environment* con la partecipazione di oltre 300 responsabili del mondo della comunicazione di istituzioni legate alla Chiesa, provenienti da 30 Paesi. Parte degli atti di quest'ultimo appuntamento sono stati inclusi in G. TRIDENTE - B. MASTROIANNI (a cura di), *La missione digitale. Comunicazione della Chiesa e social media*, Edusc, Roma 2016.

impreparata a gestire una eventuale "crisi comunicativa", che proprio per questo viene accentuata e va fuori controllo[43].

Quando invece l'istituzione ha la possibilità di contare su un qualificato e operativo ufficio stampa, questi può anche proporre eventuali temi informativi, producendo l'opportuno materiale e soddisfare così l'esigenza mai sopita della stampa di dare la caccia alle novità. Ciò ha anche un effetto deterrente per le informazioni improvvisate, non verificate, inesatte e spesso errate.

Certamente, anche in questo caso bisogna comunque fare attenzione a non cadere in quell'effetto riduzionista "tematico" di cui parla Bru, per cui si trasmettono soltanto contenuti esclusivamente "istituzionali", che anche se stimolano il dovuto appetito mediatico, non rappresentano tutta la realtà e fanno scadere nella inutile partigianeria[44].

Due esperienze associative

Proprio perché il fatto religioso ha una sua importanza nell'insieme del panorama giornalistico, sono tante le esperienze accademiche e scientifiche che negli anni ne hanno approfondito le specificità. Accanto a ciò sono sorte anche associazioni di professionisti per lo scambio e la condivisione di esperienze, materiali di approfondimento (statistiche, analisi e dati sulla presenza della religione nei vari Paesi, sulle leggi nazionali, i conflitti etnici e religiosi e i diversi aspetti delle religioni tradizionali) e come antidoto alla discriminazione o addirittura alla persecuzione. Evidentemente, sono aconfessionali e annoverano tra i loro aderenti professionisti di qualunque credo religioso e anche non credenti.

Solo per rendere l'idea, si segnalano due esempi, uno dagli Stati Uniti, con la *Religion Newswriters Association* (RNA)[45] e l'altro dall'Europa, con la *International Association of Religion Journalists* (IARJ)[46].

---

[43] Cfr. S. DE LA CIERVA, *La Chiesa, casa di vetro*, Edusc, Roma 2014.

[44] M.M. BRU, *La información religiosa en España,* "Ciudad Nueva", n. 11 (1996), pp. 38-39.

[45] www.rna.org.

[46] www.theiarj.org.

Il motto della RNA è "aiutare i giornalisti di tutto il mondo a coprire la religione con equilibrio, precisione (*accuracy*) e profondità". È stata fondata nel 1949 con lo scopo di migliorare gli standard professionali degli informatori religiosi dei principali mezzi di comunicazione e creare un network di supporto a loro dedicato. Oggi conta anche con una propria omonima Fondazione attraverso la quale realizza corsi di formazione per giornalisti, seminari online e pubblicazioni tematiche. Così riassume la propria missione sulla sua pagina web: "una organizzazione caritatevole, letteraria ed educativa il cui scopo è di promuovere l'eccellenza nella copertura mediatica e nel discorso pubblico sulla religione".

La IARJ è invece più giovane, fondata nel marzo del 2012 in ambito europeo, anche se ha accreditati in oltre 90 paesi. La sua finalità è "offrire un sostegno necessario per promuovere un giornalismo obiettivo e completo che superi i pregiudizi e le discriminazioni di coloro che si occupano di informazione sulla religione e la spiritualità". E lo fa mediante la fornitura di "servizi e risorse per rafforzare e sostenere il lavoro dei suoi membri", oltre a diffondere l'importanza di un lavoro equilibrato ed etico in ambito religioso, in modo da favorire la comprensione tra i popoli.

6. CONCLUSIONE

Concludendo queste brevi pennellate, che come dicevamo non esauriscono la discussione e l'approfondimento su tale speciale ambito del giornalismo, possiamo chiosare, con Papa Francesco, che, per svolgere un buon lavoro informativo sulla Chiesa cattolica, occorre entrare in una specifica ermeneutica, che si sforza di conoscere la sua "vera natura", "il suo cammino nel mondo, con le sue virtù e con i suoi peccati", e "le motivazioni spirituali che la guidano e che sono le più autentiche per comprenderla"[47].

Per raggiungere questo obiettivo, oltre allo studio, alla sensibilità e all'esperienza, occorre, sempre secondo il Pontefice, "una particolare attenzione nei confronti della verità, della bontà e della bellezza; e questo ci rende particolarmente vicini, perché la Chiesa esiste per comunicare proprio questo: la Verità, la Bontà e la Bellezza *in persona*"[48].

Così, anche lo "specchio" avrà avuto la sua ragion d'essere e avrà compiuto fino in fondo la sua vocazione.

---

47 PAPA FRANCESCO, *Udienza ai rappresentanti dei media,* 16.III.2013, cit.
48 *Ibidem.*

Terza parte

GLOSSARIO DI TERMINOLOGIA SULLA CHIESA CATTOLICA

-A-

AAS. Acta Apostolicae Sedis

È una pubblicazione ufficiale periodica nella quale compaiono i documenti della Santa Sede e del Papa.

Abate

È il Superiore di una Congregazione monastica o di un Monastero.

Abbazia

È un monastero retto da un abate, coadiuvato da un Capitolo, con poteri autonomi e indipendenti dall'Ordinario locale (Vescovo).

Abiura

È la rinuncia ad un'eresia, uno scisma o ad un'apostasia, secondo il rito contemplato nel *Pontificale Romanum*. È seguita da una professione di fede.

Aborto volontario

Interruzione della gravidanza provocata da medicinali o altri mezzi. Il Diritto canonico la condanna con la scomunica *latae sententiae*, ovvero senza necessità di dichiararla esplicitamente (cfr. CIC 1398).

Abside

Dal greco *hapsis*, nodo o chiave di volta, è la parte del tempio che occupa l'estremità opposta a quella della facciata. È, in genere, semicircolare e un po' più elevata. In esso si trovano l'altare e gli altri elementi propri del presbiterio: *sede del presidente*, *ambone*, *coro*.

Acclamazione

È un'espressione breve, normalmente di giubilo, proferita dall'assemblea in determinati momenti della celebrazione (es. *amen*; *alleluia*; *rendiamo grazie a Dio*; *ti lodiamo, o Signore*).

Accolito
È un ministro non ordinato che aiuta il presbitero e il diacono all'altare. Gli è anche affidata, quando necessario, la distribuzione della comunione.

Acqua
Nella Chiesa è l'elemento di cui si fa un uso più abbondante; il suo significato si esprime particolarmente nei riti della *Veglia pasquale.*

Ad limina Apostolorum (Visita)
Espressione per indicare la visita che i Vescovi titolari di tutte le Diocesi realizzano a Roma ogni cinque anni per venerare le tombe degli Apostoli Pietro e Paolo e presentarsi al Romano Pontefice (cfr. CIC 400).

Adorazione
È un atto di riverenza per mezzo del quale Dio è riconosciuto come essere supremo. Nel caso dei santi non c'è adorazione ma solo *venerazione.*

Adulterio
Sta ad indicare un atto di infedeltà verso Dio e verso il proprio coniuge.

Agape
Termine che trae origine dalle riunioni fraterne delle prime comunità cristiane ed è riferito ad un banchetto nel quale predomina il senso di convivenza e carità.

Agiografia
Si riferisce a tutto il complesso di testimonianze, da un punto di vista letterario e scientifico, che riguardano la vita e le opere dei santi.

Agnosticismo
È l'atteggiamento di chi dichiara che non si può affermare né negare l'esistenza di ciò che è trascendente (Dio, il soprannaturale, l'aldilà).

Aldilà
Termine che si usa per esprimere le realtà a cui si giunge dopo la morte.

Alfa e Omega

Prima e ultima lettera dell'alfabeto greco. Vengono utilizzate nella Sacra Scrittura per designare Cristo come principio e la fine di tutto.

Alleluia

Parola ebraica ("lodate il Signore") che viene utilizzata come espressione di lode; non si utilizza in tempo di penitenza, come in Quaresima.

Altare

Ara o pietra destinata ai sacrifici. Nella Chiesa viene utilizzato per l'offerta del sacrificio della Santa Messa. Rappresenta Cristo e per questo lo si onora, baciandolo e incensandolo (cfr. CIC 1235-1239).

Ambone

È una struttura sopraelevata dalla quale vengono proclamate le letture della liturgia. Si distingue dal pulpito.

Amen

Termine ebraico che esprime adesione, accordo, conferma di quello che si è detto.

Amitto

Indumento liturgico costituito da un rettangolo di lino con due nastri che copre le spalle e circonda il collo e si indossa sotto il camice.

Amministratore apostolico

È un prelato che, in modo simile al Vescovo, governa una chiesa particolare in nome del Papa per ragioni speciali e particolarmente gravi (cfr. CIC 371, § 2).

Amministratore diocesano

È un presbitero, maggiore di 35 anni di età, eletto a reggere la Diocesi quando la sede episcopale è vacante (cfr. CIC 421).

Amministratore parrocchiale
Colui che, nominato dal Vescovo diocesano, supplisce il parroco quando la parrocchia è vacante o il parroco è impedito nell'esercizio dell'ufficio pastorale (cfr. CIC 539).

Ampolline
Piccoli recipienti in vetro o metallo nei quali si contengono il vino e l'acqua utilizzati per la celebrazione eucaristica.

Anello del pescatore (o piscatorio)
È l'anello che il Papa indossa al dito anulare destro e rappresenta il segno visibile della sua autorità. Reca, da una parte, il nome del Pontefice e dall'altra l'immagine di San Pietro Apostolo. Viene distrutto alla morte del Papa.

Angeli
Sono esseri di natura spirituale, menzionati sia nell'Antico che nel Nuovo Testamento. La loro missione è di servitori e messaggeri di Dio.

Anno liturgico
È il modo in cui la Chiesa ordina, lungo l'anno, le varie celebrazioni dei misteri della fede. Inizia con la prima domenica di *Avvento*, quattro settimane prima del 25 dicembre (Natale), e si compone dei tempi di *Avvento, Natale, Quaresima, Pasqua e Tempo Ordinario.*

Anno Santo
Detto anche Giubileo, è un anno di pace e di perdono, che solitamente viene indetto dal Papa ogni venticinque anni (un tempo, ogni cento anni e poi ogni cinquanta).

Anticlericale
È colui che si oppone al clero e quindi ai rappresentanti di Dio o della Chiesa.

Antisemitismo
Termine che indica una ostilità nei confronti degli ebrei, che il Concilio Vaticano II ha apertamente condannato con il decreto *Nostra Aetate*, ribadendo il patrimonio comune tra cristiani ed ebrei.

Apocalisse
In greco significa "rivelazione" ed è il nome dell'ultimo libro della Bibbia, scritto verso l'anno 95 d.C.

Apocrifi
Sono quei libri che la Chiesa non ha ammesso nel *canone* della Sacra Scrittura.

Apostasia
È il ripudio totale della fede cristiana, considerato come uno dei peccati più gravi. Si differenzia dallo scisma o dall'eresia (cfr. CIC 751).

Apostolato
È l'impegno che spetta ad ogni cristiano di testimoniare la propria appartenenza a Cristo, e risale al mandato che lo stesso Gesù diede agli Apostoli di predicare il Vangelo a tutte le genti.

Archimandrita
Nella Chiesa Orientale è il superiore di un Monastero.

Arcidiocesi
È la Diocesi principale di una Provincia ecclesiastica della Chiesa cattolica. È governata da un Arcivescovo.

Arcieparca
È il capo di una Provincia ecclesiastica cattolica di Rito Orientale (Arcieparchia).

Arcivescovo

È il titolo dato automaticamente al Vescovo che governa un'Arcidiocesi. È anche il titolo assegnato ad alcune autorità di alto grado nella gerarchia curiale, quali ad esempio i Nunzi.

Ascensione

È la salita (ascesa) di Gesù Risorto al cielo in anima e corpo.

Ascesi

È una pratica che rappresenta la rinuncia a se stessi e alle cose del mondo, nell'umiltà e nella meditazione, per aderire a Cristo. In ciò rientrano una serie di esercizi per raggiungere la perfezione spirituale.

Assemblea

È la comunità dei credenti riuniti per una celebrazione liturgica.

Assistente ecclesiastico

È il sacerdote che viene designato dall'autorità ecclesiastica per rappresentarla nelle associazioni cattoliche laicali e per promuovervi la formazione religiosa dei membri.

Assoluzione sacramentale

È l'atto per mezzo del quale, nel *Sacramento della riconciliazione* o *Penitenza*, il sacerdote, in nome di Dio e della Chiesa, concede il perdono dei peccati.

Assunzione

È la salita della Vergine Maria al cielo in anima e corpo. Il dogma dell'Assunzione di Maria è stato proclamato da Pio XII nell'Anno Santo 1950.

Astinenza

È un atto di penitenza che consiste nell'astenersi dal mangiare carni o altro cibo secondo le disposizioni della Conferenza episcopale.

Ateismo
Corrente di pensiero che nega l'esistenza di qualunque divinità.

Ausiliare (Vescovo)
È un Vescovo, assegnato dal Papa a una particolare Diocesi per aiutare nel suo lavoro il Vescovo titolare della Diocesi o dell'Arcidiocesi.

Autocefala
Lo si dice di ognuna delle Chiese che, conservando la tradizione comune, si costituisce in modo indipendente da Roma o da altra sede centrale. In Oriente, la Chiesa Ortodossa è formata da diverse Chiese nazionali autocefale, non solo separate da Roma, ma anche tra di loro. Ognuna di esse ha un proprio Primate o Patriarca.

Ave Maria
È la principale preghiera rivolta alla Vergine Maria. Consta, nella prima parte, di un saluto ispirato a quello dell'Arcangelo Gabriele e di Santa Elisabetta e, nella seconda parte, di una supplica.

-B-

Basilica
È un tempio cristiano al quale il Papa conferisce questo titolo per antichità o importanza. Gode anche di particolari privilegi. A Roma sono note le basiliche maggiori, dette anche "papali", di San Pietro, San Giovanni in Laterano, Santa Maria Maggiore, San Paolo fuori le mura e San Lorenzo fuori le mura.

Battesimo
È il primo sacramento dell'*iniziazione cristiana*, attraverso il quale si diventa membri della Chiesa, si riceve la vita di figli di Dio (grazia) e la liberazione dal peccato (originale ed attuale).

Battistero
È il luogo destinato alla celebrazione del battesimo. Può essere un edificio a sé stante, oppure una zona debitamente ricavata all'interno del tempio.

Beatificazione
È il rito con il quale un Servo di Dio è elevato agli altari, cioè proposto come modello di vita cristiana. In questo caso, il culto che gli si può tributare è legato unicamente a certi luoghi o ambienti (nazione, luogo di nascita, congregazione religiosa di appartenenza). È il passo verso la *canonizzazione*, nella quale il Beato viene invece dichiarato santo.

Benedizionale *(Ordo Benedictionum)*
È il libro liturgico che contiene la dottrina della Chiesa sulle benedizioni e i formulari; contempla diverse situazioni e circostanze.

Benedizione
Si tratta di una preghiera che può intendersi in senso *ascendente*, nella quale si loda o si rende gloria a Dio e ai santi, e in senso *discendente*, come favore o protezione concesse da Dio o dai santi.

Berretta
È il copricapo rosso che il Papa consegna ai Cardinali durante la cerimonia in cui li promuove a tale dignità.

Bibbia
Insieme di libri ispirati da Dio. Si divide in *Antico Testamento* (AT) e *Nuovo Testamento* (NT). La lista dei libri che compongono la Bibbia costituisce il *canone*: 46 nell'AT e 27 nel NT.

Bolla pontificia
Si tratta di un documento della massima importanza firmato dal Papa, che prende il nome dal sigillo di piombo che vi viene apposto. Le prime parole della bolla, scritta sempre in latino, danno il nome al documento.

Breviario
È il libro che contiene l'intera preghiera ufficiale della Chiesa, compresi i salmi, per tutto l'anno liturgico. È chiamata anche *Liturgia delle Ore* o, meno frequentemente, *ufficio divino.*

-C-

Calice
Coppa o vaso che il sacerdote utilizza nella celebrazione eucaristica per consacrare e bere il vino.

Camera apostolica
È l'ufficio della *Curia Romana* che amministrava i beni temporali della *Santa Sede*, soprattutto durante la cosiddetta *Sede Vacante.* È presieduto dal Cardinale Camerlengo.

Camerlengo
È il Cardinale che presiede la Camera Apostolica. È colui che constata formalmente la morte del Papa e predispone la preparazione del *Conclave.* Durante la Sede Vacante è quindi responsabile dell'amministrazione temporale della Città del Vaticano.

Camice
Tunica di lino bianca, stretta ai fianchi dal *cingolo*, usata dal ministro sacro nella celebrazione liturgica.

Cancelliere
È il capo archivista degli archivi ufficiali di una Diocesi, incaricato di redigere gli atti di Curia. Funge anche da notaio e da segretario della Curia diocesana. Può essere assistito da un vice-cancelliere. È, assieme a quello di giudice, il ruolo più alto aperto alle donne nell'amministrazione diocesana.

Canone
Termine di origine greca che significa "norma, misura, regola". Si chiamano *canoni* gli articoli o le regole contenuti nel Codice di Diritto Canonico e in

quello dei Canoni delle Chiese orientali. Il canone delle Sacre Scritture è la lista di libri riconosciuti dalla Chiesa come ispirati dallo Spirito Santo. Prima delle riforme liturgiche seguite al Concilio Vaticano II, il *Canone Romano* era l'unica preghiera eucaristica usata nella Chiesa latina nel corso della celebrazione della Messa. Attualmente i canoni sono quattro.

Canonizzazione

L'inclusione di un beato nel canone dei Santi, con decreto del Papa che ne autorizza la venerazione nella Chiesa universale.

Canonico

Sono chiamati canonici i *chierici* membri del Capitolo di una Cattedrale o Collegiata, a cui spetta "assolvere alle funzioni liturgiche più solenni" o altri compiti a loro affidati (cfr. CIC 503 e ss.).

Codice di Diritto Canonico (CIC)

È il codice o corpus legale che regola la vita della Chiesa cattolica. Nella Chiesa latina il Codice che la governa è quello del 1983, che sostituisce il precedente del 1917. Esiste anche, emanato nel 1990, un Codice di Diritto Canonico per le Chiese orientali. È stato il primo documento di questo genere per le Chiese orientali in comunione con Roma.

Cardinale

È una delle dignità ecclesiastiche più alte della Chiesa cattolica. La legge ecclesiastica considera i Cardinali come i più vicini consiglieri del Pontefice. Sta ad essi la responsabilità di eleggere un nuovo Papa quando il predecessore viene a mancare. Secondo le regole attuali, però, solo i cardinali che non hanno ancora compiuto 80 anni possono sedere in Conclave. La legge canonica del 1983 prescrive che i Cardinali ricevano l'ordinazione episcopale; ma è frequente il caso di Cardinali ultra-ottantenni nominati tali anche se semplici preti come riconoscimento di meriti scientifici o ecclesiali particolari.

Carisma

Particolare dono di Dio dato a una persona per il bene della comunità.

Castità

Nel suo senso generale, castità non significa astinenza dall'attività sessuale in sé, ma piuttosto una retta condotta sessuale morale. Per cui castità matrimoniale significa fedeltà alla propria sposa o sposo e retta condotta morale nelle relazioni matrimoniali.

Il consiglio evangelico di castità pronunciato da fratelli, sorelle e sacerdoti negli Istituti di vita consacrata è una promessa a Dio di vivere la virtù della castità non sposandosi e astenendosi dall'attività sessuale.

Cappella

È un luogo di culto destinato a un gruppo particolare, come possono essere i residenti di un ospedale, un collegio, una università o un quartiere. Appartiene all'ambito di una *parrocchia*.

Cappellano

È il sacerdote incaricato di prendersi cura di una cappella o di un gruppo di fedeli normalmente più piccolo di quello di una *parrocchia*.

Casula

È un indumento liturgico a forma di mantello senza maniche e con un'apertura al centro per passarvi la testa. Si veste sopra al camice.

Catacombe

Si tratta di gallerie sotterranee, generalmente con varie derivazioni ed anche su diversi livelli, destinate anticamente a seppellire i morti. Durante le persecuzioni, i cristiani vi si riunivano per celebrare i misteri.

Catechesi

È l'azione attraverso la quale la Chiesa educa alla fede ai suoi membri, siano essi adulti, giovani o bambini. Si tratta dunque di una formazione sistematica e completa, secondo il livello delle persone.

Catechismo

È un testo di dottrina cristiana, di struttura generalmente sintetica, che serve come appoggio e complemento alla catechesi.

Catechista

È l'operatore di pastorale che si assume il compito di educare sistematicamente alla fede bambini, giovani o adulti. Si tratta di un autentico ministero, che normalmente deve essere realizzato in nome della comunità cristiana.

Catecumenato

Periodo di formazione alla vita cristiana. A volte può anche rappresentare l'impegno di riscoperta e approfondimento nella fede di coloro che sono già membri della Chiesa, ovvero battezzati.

Cattedra

Sede, simbolo di autorità e di magistero. Si parla di *cattedra di Pietro* con riferimento all'autorità dottrinale del Papa e di *cattedra episcopale* per indicare la sede del Vescovo nella cattedrale, simbolo della sua autorità dottrinale.

Cattedrale

Chiesa madre della Diocesi nella quale ha sede (*cattedra*) il Vescovo.

Cattolicità

Una delle quattro "proprietà essenziali" (*una, santa, cattolica, apostolica*) della Chiesa, per la quale essa trascende i confini di razza, popolo, lingua e tradizioni ed è universale in Cristo. Da qui anche il termine cattolico, che significa appunto "universale".

Celibato

È il termine che si riferisce alla situazione di chi – laico, sacerdote o religioso – ha deciso di vivere castamente in uno stato non coniugale. All'ordinazione, un diacono o un prete diocesano nella Chiesa latina fanno una promessa di celibato. La promessa non dovrebbe essere definita "voto"; perché a differenza di fratelli, sorelle e sacerdoti che entrano in ordini religiosi, non "prendono" i voti. Nella

Chiesa latina alcuni uomini sposati possono essere ordinati diaconi "permanenti" (perché ciò non costituisce un elemento per diventare sacerdoti), continuando la propria vita coniugale.

Cero Pasquale

È la candela grande che viene usata nel culto liturgico. Simboleggia Cristo, luce del mondo (*Gv* 8,12).

Chiesa

A parte l'uso ovvio in riferimento a una costruzione in cui i cristiani si riuniscono per le funzioni religiose, il termine "Chiesa" ha un senso teologico e dottrinale molto ricco: l'istituzione fondata da Gesù Cristo, composta dai battezzati. Chiesa *locale* o *particolare* ha il significato dei fedeli di una Diocesi, o Arcidiocesi o di una comunità locale riunita intorno al suo Vescovo. Chiesa *universale* è il termine che fa riferimento all'unica Chiesa di Cristo integrata dalla comunione di tutte le Chiese particolari in unione con il Vescovo di Roma.

Chiese Cattoliche Orientali

Sono Chiese cattoliche, in comunione con Roma, che hanno origine in Europa Orientale, Asia e Africa e godono di sistemi liturgici, legali e organizzativi propri e particolari, e si identificano in base a caratteristiche etniche o nazionali della regione di origine. Si considerano su un piano di totale parità con la tradizione cattolica latina.

Ciborio

Si tratta di un elemento architettonico costituito da una copertura che sormonta l'altare sostenuta da quattro colonne. È noto quello realizzato dal Bernini nella Basilica di San Pietro.

Clero

Nell'uso generale cattolico, è un termine collettivo che si riferisce a tutti gli ordinati – diaconi, preti e Vescovi – che celebrano i riti della Chiesa.

Coadiutore

Un Vescovo assegnato a una Diocesi o Arcidiocesi cattolica per aiutare il Vescovo diocesano. A differenza del Vescovo ausiliare, che riveste compiti analoghi, il Coadiutore ha diritto di successione automatica nel momento in cui il Vescovo titolare viene a mancare o giunge al termine del mandato.

Collegio dei Cardinali

È l'insieme dei Cardinali, degli uomini scelti cioè dal Papa per svolgere il ruolo di principali consiglieri. La maggior parte di essi sono o a capo di Diocesi di grande rilievo nel mondo, le cosiddette Diocesi cardinalizie, o guidano Congregazioni e altri dicasteri vaticani, o l'hanno fatto in passato. Nell'interregno che segue la morte di un Papa, è il *Collegio dei Cardinali* a guidare la Chiesa. Per tradizione si distingue, all'interno del Collegio cardinalizio, tra ordini dei Vescovi (i cardinali principali), presbiteri (quelli che sono a capo di una Diocesi) e diaconi (che sono a capo di dicasteri della Curia o sono detentori di altri titoli), ma in realtà tutti i Cardinali devono essere Vescovi, salvo eccezioni.

Collegialità

Riferita all'episcopato, sta a significare la responsabilità condivisa e l'autorità che l'intero collegio dei Vescovi guidato dal Papa ha nell'insegnamento, nella santificazione e nel governo della Chiesa. Il Papa, tuttavia, non è un mero presidente di un collegio (*primus inter pares*), ma ha una funzione e una potestà al di sopra dei Vescovi.

Comunione

È l'unità nella fede tra tutti i cattolici. Si riferisce anche all'atto di ricevere l'ostia consacrata durante la celebrazione eucaristica in quanto esprime l'unità di Cristo e della sua Chiesa.

Comunione dei santi

È l'unione mistica tra tutti i figli di Dio, vivi e defunti, per la quale partecipano degli stessi beni spirituali, siano essi in cielo (*Chiesa trionfante*), nel purgatorio (*Chiesa purgante*) o in questo mondo (*Chiesa militante*). È una delle verità fondamentali confessate nel *Credo*.

Concelebrazione

Comunemente, si intende la realizzazione di una celebrazione liturgica (eucaristica o meno) con la partecipazione di due o più presbiteri che la presiedono. Uno di loro è il celebrante principale.

Concilio

Assemblea di Vescovi. Si parla di *Concilio ecumenico* o universale quando il Papa convoca tutti i Vescovi della Chiesa (con titolo di *padri conciliari*) per definire questioni fondamentali. Può essere nazionale o regionale se composto dai Vescovi di una nazione o regione. Nei documenti, di solito, Concilio e *Sinodo* sono sinonimi; generalmente, però, il termine Sinodo viene riservato alle assemblee di ambito ridotto.

Concistoro

È una riunione di Cardinali a Roma, chiamati dal Papa. Può essere un Concistoro ordinario, a cui partecipano solo i porporati presenti a Roma, o straordinario, con la convocazione da tutto il mondo.
Un esempio di Concistoro ordinario è quello per la creazione di nuovi Cardinali.

Conclave

È la riunione dei Cardinali di tutto il mondo in Vaticano dopo la morte di un Papa, per l'elezione del successore. Alla votazione, secondo la legge attuale, possono partecipare solo i Cardinali che non hanno compiuto 80 anni.

Concordato

È una convenzione di tipo globale tra la *Santa Sede* (o Vaticano) ed il governo di uno Stato. Il trattato che regola i mutui rapporti tra due organismi viene denominato appunto *concordato.*

Conferenza (Episcopale)

È un'assemblea di Vescovi nazionale o regionale organizzata in maniera sistematica, che si riunisce periodicamente per collaborare su temi di interesse comune da un punto di vista ecclesiale e geografico e per discutere di questioni morali, pastorali e liturgiche.

Confermazione

È il secondo sacramento dell'*iniziazione cristiana*, attraverso il quale il battezzato riceve l'infusione dello Spirito Santo e da quel momento è disposto ad assumere un impegno cristiano permanente.

Confessione

È una delle parti della celebrazione del *sacramento della Riconciliazione*, nella quale il penitente dichiara al confessore i peccati commessi. A volte si usa anche come sinonimo dello stesso sacramento.

Congregazione

Termine che può assumere un duplice significato. Può riferirsi ad un ordine religioso, maschile o femminile, oppure – usato con grande frequenza quando si parla di Vaticano –, a un dicastero della Curia Romana, cioè un organismo che aiuta il Papa nel governo della Chiesa, dedicato a campi di attività particolari: Congregazione per il Clero, Congregazione per l'Educazione Cattolica, Congregazione per i Vescovi, ecc.

Consacrazione

Atto del consacrare o dedicare a Dio in modo esclusivo, come la consacrazione religiosa o sacerdotale. Se si tratta di oggetti o di luoghi, come un altare o una chiesa, si usa anche la parola *dedicazione*. È inoltre la parte centrale della Preghiera eucaristica.

Consiglio pastorale

Organismo al quale spetta "studiare, valutare, proporre conclusioni operative su tutto ciò che riguarda le attività pastorali della Diocesi" (CIC 511). "È composto da fedeli che siano in piena comunione con la Chiesa cattolica, sia chierici, sia membri di Istituti di vita consacrata, sia soprattutto laici; essi vengono designati nel modo determinato dal Vescovo diocesano" (CIC 512).

Consiglio presbiterale

Gruppo di sacerdoti in rappresentanza di tutto il presbiterio, che ha il compito di coadiuvare il Vescovo nel governo della Diocesi. È composto da membri di diritto (persone che svolgono funzioni importanti nella Diocesi), eletti tra i presbiteri e nominati liberamente dal Vescovo (Cfr. CIC 497).

Consiglio per gli Affari Economici

È un ente diocesano, indicato dal Codice di Diritto Canonico, che ha l'incarico di preparare il budget finanziario annuale della Diocesi e controllare entrate e uscite. Il Consiglio per gli affari economici deve aiutare il Vescovo nella gestione economica e deve essere consultato in caso di transazioni finanziarie di particolare rilievo.

Conversione
Rappresenta un tornare sui propri passi, cambiare rotta. E quindi il dirigersi verso Dio di chi non lo conosceva, o il ritorno a Lui di chi vi si era separato nel peccato.

Costituzione apostolica
Documento pontificio anch'esso della massima importanza, come la *bolla*, ma carente degli aspetti materiali di quest'ultima (sigillo in piombo).

Costituzione dogmatica
Documento ufficiale del Magistero conciliare dei Vescovi in unità con il Papa. È la forma più alta in cui la Chiesa esprime se stessa e la sua fede.

Crisma
È l'olio mescolato a balsamo che il Vescovo consacra nella Messa crismale la mattina del *Giovedì Santo*. Si usa nel battesimo, nella confermazione, nell'ordinazione sacerdotale ed episcopale.

Culto
Omaggio che l'uomo tributa alla divinità. Lo si dice ugualmente dell'insieme di atti e cerimonie con le quali si tributa questo omaggio.

Curia
È un termine che si riferisce all'insieme di persone e di uffici che collaborano nella guida di una entità ecclesiastica. Una Curia diocesana riguarda ovviamente una singola Diocesi. I suoi personaggi principali, oltre al Vescovo titolare e agli eventuali ausiliari, sono il Vicario generale, il Cancelliere e i Giudici del tribunale diocesano. Quando viene usato senza riferimenti specifici, con il termine "Curia" spesso si intende la Curia Romana, cioè l'insieme degli uffici e del personale che collaborano con il Papa nella guida della Chiesa universale.

-D-

Decalogo

I *Dieci Comandamenti* o, secondo l'espressione della Bibbia, le "dieci Parole". Il decalogo è in sostanza l'espressione positiva delle esigenze della legge naturale, dimenticata dall'uomo a causa della sua inosservanza. Dio ha rivelato all'uomo queste Parole sul Sinai.

Decano

È il Cardinale che presiede, *primus inter pares*, il Collegio dei Cardinali. A lui spetta ordinare Vescovo il Romano Pontefice eletto, qualora non fosse ordinato (cfr. CIC 352).

Dedicazione

È la cerimonia liturgica con la quale un luogo viene riservato in modo esclusivo al culto. Questa, a differenza della benedizione, è riservata al Vescovo.

Delegato apostolico

Rappresentante del Papa senza carattere diplomatico che, nel territorio che gli si affida (delegazione apostolica) e che comprende generalmente diverse Diocesi, Prelature e Vicariati apostolici, osserva le condizioni della Chiesa per tenerne informato il Santo Padre.

Delitto

È il termine giuridico per definire un crimine perseguibile per legge. I codici di Diritto canonico, sia per la Chiesa latina che per quelle orientali, elencano i vari tipi di delitto e le relative pene.

Diacono (Diaconato)

È un termine greco che significa servitore. È anche il primo dei tre gradi del sacramento dell'Ordine nella Chiesa cattolica. Esiste un diaconato *transitorio* per coloro che si avviano a diventare sacerdoti, e un diaconato *permanente* per quanti non seguono questa strada. Uomini sposati possono essere ordinati diaconi permanenti.

Dicastero

È un termine generico con cui ci si è sempre riferito a un organismo della Curia Romana (Segreteria di Stato, Congregazione o Pontificio Consiglio). Recentemente, a seguito della riforma voluta da Papa Francesco, è diventato anche nome proprio, come nel caso dei dicasteri per i laici, la famiglia e la vita, dello sviluppo umano integrale e della comunicazione.

Digiuno

È un atto penitenziale che consiste nell'astenersi in maniera totale o parziale dall'assumere cibo.

Diocesi

È una Chiesa particolare, delimitata abitualmente da un territorio, guidata da un Vescovo. Costituisce il prototipo delle Circoscrizioni ecclesiastiche. Le sue dimensioni possono variare enormemente, a seconda della situazione del Paese in cui si trova. La Diocesi a capo di una serie di Diocesi più piccole è chiamata Arcidiocesi.

Divorzio

È l'atto formale attraverso il quale si pretende di rompere il vincolo matrimoniale, che era stato accettato liberamente dagli sposi, di restare uniti fino alla morte.

Dogma

È un'affermazione dottrinale che la Chiesa definisce in maniera precisa e solenne. La sua accettazione è obbligatoria da parte di tutti i fedeli.

Dottore della Chiesa

È il titolo attribuito dal Papa a Santi scrittori che si sono distinti per una perfetta ortodossia nella loro dottrina.

Dottrina Sociale della Chiesa

Rappresenta l'insieme degli insegnamenti della Chiesa su aspetti sociali quali la pace, i rapporti fra i popoli, la famiglia, l'educazione, il consumo.

-E-

Economo

È l'amministratore dei beni della Diocesi e quindi ha compiti di esecuzione e gestione diretta del patrimonio diocesano. Si tratta di un ruolo che può essere svolto anche da una donna.

Ecumenismo

È il movimento che tende a riunificare in una sola Chiesa le diverse Chiese cristiane, in risposta alle parole di Gesù: "che siano una sola cosa" (*Gv* 17, 21).

Elemosineria (Apostolica)

L'Elemosineria Apostolica è l'Ufficio della Santa Sede che ha il compito di esercitare la carità verso i poveri a nome del Sommo Pontefice. Questo uso risale ai primi secoli della Chiesa e rientrava nelle dirette competenze dei Diaconi. L'*Elemosiniere di Sua Santità* ha dignità Arcivescovile, fa parte della Famiglia Pontificia e come tale prende parte alle celebrazioni liturgiche e alle udienze ufficiali del Santo Padre.

Enciclica (lettera)

È un documento del Papa sotto forma di lettera indirizzata ai Vescovi e a tutti i fedeli, o anche a tutti gli uomini disposti ad ascoltarlo, su un determinato tema, generalmente di carattere dottrinale.

Eparchia (Arcieparchia)

È il termine usato per definire le Diocesi e le Arcidiocesi all'interno delle Chiese di rito orientale. Il Vescovo di un'eparchia è chiamato Eparca, o Arcieparca.

Epifania

Significa "manifestazione" e sta ad indicare la solennità liturgica che prende il suo nome e che celebra la manifestazione di Dio nel Verbo incarnato (6 gennaio).

Episcopale

È un termine che deriva dal latino *episcopus* (Vescovo) e viene usato per definire attività e organismi legati all'attività dei Vescovi: Conferenza episcopale, Commissione episcopale, ecc.

Eresia

È un'affermazione dottrinale contraria alla fede della Chiesa in una determinata materia.

Esorcismo

È un rito per mezzo del quale si espelle il demonio da un corpo nel quale abitava o che aveva posseduto. Gli esorcisti devono essere autorizzati espressamente dal Vescovo della Diocesi.

Esortazione apostolica

È quel tipo di documento che il Papa rivolge a tutti i cattolici. A differenza dell'Enciclica, dove predomina il carattere dottrinale, nelle esortazioni prevale l'aspetto pastorale.

Esposizione eucaristica

Collocazione del *Santissimo Sacramento* in maniera visibile, normalmente nell'*ostensorio*, per la venerazione dei fedeli.

Eucaristia

È il maggiore dei sacramenti cristiani, quello in cui la presenza di Gesù è più piena. Esso ha origine nell'ultima cena di Gesù con i suoi Apostoli. È il nome che si attribuisce a tutta la Messa, anche se in sostanza ne è la parte centrale (preghiera eucaristica).

Eutanasia

È l'atto – moralmente inaccettabile – con cui si provoca anticipatamente la morte di qualcuno che si trova in condizioni di grave sofferenza ("buona morte").

Evangelizzazione
È l'atto di annunciare il Vangelo.

Ex cathedra
Espressione latina che significa "dalla cattedra". Si usa per qualificare le dichiarazioni solenni del Papa sulla fede o i costumi, che devono essere accettate dai cattolici come fede della Chiesa.

Extraterritorialità
È il privilegio di cui godono certi beni o persone per non essere soggetti alla giurisdizione dello Stato in cui si trovano.

-F-

Facoltà
È la capacità di realizzare determinate funzioni ecclesiastiche, conferita dal diritto o da un superiore. In alcuni casi un sacerdote può essere privato della facoltà di compiere atti quali ascoltare confessioni o predicare durante la liturgia.

Fede
È la virtù fondamentale del cristiano che pone in Dio tutta la sua fiducia e crede a ciò che Egli insegna per mezzo di suo Figlio e della Chiesa. La fede è un dono di Dio, una virtù soprannaturale da Lui infusa.

Fratello
In termini ecclesiastici, un uomo che ha preso i voti in un Istituto religioso, ma che non è stato ordinato sacerdote. Talvolta è chiamato "fratello laico" per distinguerlo dai membri ordinati della propria Congregazione.

-G-

Genuflessione
È l'atto attraverso il quale, piegando il ginocchio a terra in segno di rispetto, il fedele adora Gesù che si trova nel tabernacolo.

Gerarchia
Nell'uso cattolico, il termine gerarchia è normalmente usato per indicare i livelli più alti del governo ecclesiastico, a livello diocesano, regionale, nazionale o mondiale a seconda delle situazioni. Un uso più tecnico si riferisce ai membri ordinati: diaconi, presbiteri e Vescovi.

Giubileo
Vedi *Anno Santo.*

Grazia
È la manifestazione gratuita della bontà di Dio. Sono da distinguere: la *grazia abituale*, per la quale si è fatti simili a Dio e partecipi della sua amicizia; e la *grazia attuale*, che è un aiuto o soccorso di Dio per fare il bene.

-I-

Icona
In greco significa "immagine" e si usa per designare le tipiche immagini orientali, generalmente dipinte su legno.

IHS
Monogramma di *Iesus Hominum Salvator*, Gesù, salvatore degli uomini.

Imposizione delle mani
È un gesto di benedizione, intercessione o trasmissione di un dono, che viene utilizzato nella celebrazione di alcuni sacramenti, come la Confermazione, la Penitenza o l'Ordinazione e in altri riti.

Imprimatur
Si traduce "si stampi" e rappresenta l'autorizzazione da parte dell'autorità ecclesiastica a stampare un libro o altro documento di carattere religioso.

In pectore
È un'espressione latina che sta ad indicare i casi in cui il Papa fa Cardinale una persona sul cui nome mantiene il segreto per motivi ritenuti opportuni, fino al momento in cui non ci saranno inconvenienti a renderlo pubblico.

Incardinazione
Ascrizione di un chierico a una Diocesi, Prelatura o Congregazione. Non è ammesso che un chierico viva o eserciti in maniera "acefala", ma deve essere sempre incardinato in un quadro ecclesiale.

Incarnazione
È il mistero nel quale i cristiani riconoscono che la seconda Persona della Santissima Trinità, Gesù Cristo, si è fatto uomo nel seno della Vergine Maria per opera dello Spirito Santo.

Indulgenza plenaria
È la remissione completa, da parte della Chiesa, della pena temporale dovuta dal peccato. Non esclude dal ricevimento del sacramento della Riconciliazione.

Infallibilità
È infallibile colui che non è soggetto ad errore. Si tratta di una prerogativa riservata al Papa quando dichiara *ex cathedra* un'affermazione riguardante la fede o la morale perché tutti i membri della Chiesa la accettino. Infatti, le questioni di carattere pastorale o disciplinare sono escluse dall'infallibilità.

Iniziazione cristiana
Rappresenta la sequenza di atti attraverso i quali un membro viene ammesso nella Chiesa, e il cui culmine sono i cosiddetti *sacramenti dell'iniziazione* (Battesimo, Confermazione, Eucaristia).

Interdizione
Pena canonica con la quale si proibisce di celebrare i sacramenti e altre cerimonie di culto (cfr. CIC 1332).

Istituto religioso
Nell'insieme delle forme della vita religiosa ammesse nella Chiesa, "l'istituto religioso è una società i cui membri, secondo il diritto proprio, emettono i voti pubblici, perpetui oppure temporanei, da rinnovarsi alla scadenza, e conducono vita fraterna in comunità" (CIC 607-§2).

Istituto secolare

"È un istituto di vita consacrata in cui i fedeli, vivendo nel mondo, tendono alla perfezione della carità e si impegnano per la santificazione del mondo, soprattutto operando all'interno di esso" (CIC 710).

-K-

Kèrigma

Parola greca che significa "proclamazione". Deriva da *kerix*, messaggero, colui che porta la buona notizia. E per questo si riferisce all'annuncio del Vangelo.

-L-

Laicizzazione (Dimissione dallo stato clericale)

È il processo in base al quale un diacono, un sacerdote o un Vescovo sono privati dei diritti e degli obblighi dello stato clericale. Il Codice del 1917 parlava di "riduzione", un termine che viene ancora usato adesso comunemente, anche se improprio perché manifesta una considerazione "classista" della condizione del laico nella Chiesa come "inferiore" ai chierici, considerazione superata dal Concilio Vaticano II. Il procedimento di dimissione può avvenire su iniziativa dell'interessato, o su iniziativa dell'autorità, a seguito di comportamenti giudicati degni di punizione o a situazioni incompatibili con le funzioni clericali.

Laico-Laicità

Secondo il Codice di Diritto Canonico, chiunque non sia ordinato come diacono, prete o Vescovo è un laico. Quindi anche le suore, e i "fratelli" negli ordini religiosi sarebbero tali. Dopo il Concilio Vaticano II, però, il senso più ampio in cui ci si riferisce ai "laici" riguarda l'opera e il compito, nella Chiesa e nel mondo, dell'insieme dei cristiani non ordinati e non consacrati, la grandissima maggioranza del Popolo di Dio.

Latae sententiae

È un termine che si riferisce alle pene ecclesiastiche nelle quali incorre un soggetto, senza che sia necessario che si emani espressamente una sentenza, per il fatto stesso di aver commesso il reato che, secondo il Codice di Diritto Canonico, è sanzionato con la pena corrispondente.

Lateranensi (Patti)
Accordo firmato nel 1929 tra la Santa Sede (sotto il Pontificato di Pio xi) e il Governo italiano (Benito Mussolini), in virtù del quale ebbe termine la cosiddetta "questione romana" e nacque l'attuale Stato della Città del Vaticano.

Legato pontificio
Rappresentante della Santa Sede presso governi stranieri o Chiese particolari con il titolo di Nunzio apostolico, Internunzio, Delegato apostolico (cfr. CIC 362-367).

Lettera apostolica
Documento del Papa in forma di lettera ad una persona determinata o a un gruppo, normalmente con intenzione universale.

Lezionario
È il libro che contiene le letture che si proclamano nella Messa o in altre celebrazioni liturgiche. Esistono diversi lezionari: *domenicale e festivo*, *feriale per tempi forti*, *feriale per il tempo ordinario*, *per il proprio e il comune dei santi* e *per le messe in diverse circostanze, votive e rituali.*

Libri liturgici
Sono quei libri in cui sono contenuti il materiale e le indicazioni per lo svolgimento delle celebrazioni liturgiche. I principali sono: Il Messale (libro da altare); il Lezionario; la Liturgia delle ore; il Pontificale (*Confermazione, Ordinazioni, Consacrazione di vergini, benedizione degli oli, dedicazione di chiesa e altare*); il Cerimoniale dei Vescovi; i Rituali dei sacramenti (*Iniziazione cristiana, Penitenza, Matrimonio, Unzione*); il Rituale della professione religiosa; il Rituale delle esequie; il Benedizionale; il Calendario e il Martirologio.

Liturgia
È il termine generale usato per descrivere tutti gli atti di celebrazione e venerazione ufficiali compiuti dalla Chiesa. Comprende la Messa, cioè la Liturgia

eucaristica, il cuore dell'esistenza cristiana, la celebrazione degli altri sacramenti e la Liturgia delle ore, che contiene le preghiere ufficiali della Chiesa recitate quotidianamente per santificare le diverse parti della giornata.

-M-

Magistero

Funzione della Chiesa attraverso la quale essa interpreta rettamente e mantiene vivi ed integri non solo gli insegnamenti di Gesù ma tutta la Rivelazione. Questo compito lo realizzano il Papa e i Vescovi, sotto l'influsso e l'autorità che gli viene data dallo Spirito Santo.

Martire

Deriva dal greco "testimone" e nella Chiesa si usa per designare coloro che hanno confessato Cristo fino a morire per lui e per la sua causa.

Martirio

Tortura o supplizio inflitti a chi non vuole rinnegare la propria fede.

Martirologio

È il libro liturgico che contiene i nomi dei santi (anche di santi non martiri), con alcuni dati sulla loro origine, giorno e luogo del martirio o morte, ecc. Serve per ricordare in qualche modo molti santi che non hanno una celebrazione speciale nella Messa o nella Liturgia delle ore.

Meditazione

In senso religioso rappresenta una riflessione compiuta in ambiente di preghiera, su contenuti dottrinali della fede e sulla sua incidenza nella propria vita. Il suo carattere discorsivo la differenzia dalla *contemplazione*.

Memoriale

La celebrazione liturgica della Chiesa è molto più che un ricordo o una memoria. È la ri-attualizzazione del mistero celebrato, possibile perché, avendo Cristo consumato il *mistero pasquale*, vive al di là delle leggi del tempo e dello spazio proprie di questo mondo. Si applica in modo particolare alla celebrazione eucaristica.

Messa

È l'atto centrale di culto nella Chiesa cattolica. Nella maggior parte delle Chiese cattoliche orientali, la Messa è chiamata *Divina Liturgia*. È divisa in due parti principali: la *Liturgia della Parola*, che comprende la lettura delle Sacre Scritture e talvolta una omelia, e la *Liturgia eucaristica*, che comincia con l'offerta dei doni, continua con la consacrazione del pane e del vino e si conclude con la ricezione della Comunione. Nella fede cattolica pane e vino diventano corpo e sangue di Cristo nella *consacrazione*.

Messale

È il libro che contiene le preghiere e le indicazioni per la celebrazione della Messa.

Metropolitana (Sede)

Una sede metropolitana è un'Arcidiocesi, cioè la Diocesi principale di una Provincia ecclesiastica. L'Arcivescovo che guida quella Diocesi è chiamato Metropolita.

Ministero

Nel suo senso più ampio, nel mondo cattolico, ogni attività che conduca alla salvezza delle anime. Può includere attività specificamente sacramentali, compiute da persone ordinate, e attività di tipo caritativo e catechetico o di volontariato.

Ministero laico ecclesiale

Non corrisponde a un incarico o un tipo di lavoro specifico, ma è un termine che indica il lavoro dei laici cattolici che ricoprono ruoli importanti nell'organizzazione della Chiesa e cooperano con la gerarchia "ordinata". Assume ruoli estremamente vari e diversi a seconda dei Paesi e delle situazioni sociali e politiche; si va dal volontariato sociale ai catechisti a quanti sono attivi nel campo della Dottrina Sociale della Chiesa e nelle attività caritative e di assistenza sanitaria.

Mistero
Nella teologia sta ad indicare una *verità* incomprensibile che supera le capacità dell'uomo; nella liturgia è invece la *realtà soprannaturale* che si fa presente nella celebrazione, ed equivale a *sacramento*.

Mitra
È l'ornamento proprio del Vescovo nelle celebrazioni solenni. È un copricapo alto, diviso nella sommità in due punte, con due strisce che cadono sulle spalle.

Monsignore
È un titolo ecclesiastico onorario assegnato dal Papa ad alcuni sacerdoti diocesani. I sacerdoti degli Ordini e Congregazioni religiose non ricevono mai questo titolo. Tutti i Vescovi – tranne i Cardinali – sono monsignori, anche se religiosi. Nell'uso corrente giornalistico, sia il nome esteso che la sua abbreviazione vengono usati davanti al nome.

Motu proprio
È un'espressione latina che significa "di propria ispirazione" e sta ad indicare quei provvedimenti di carattere amministrativo che il Papa promulga di propria iniziativa o che, nati per iniziativa altrui, assume come personalmente suoi.

Mozzetta
È una piccola cappa che copre le spalle e le braccia quasi fino ai gomiti. Ve ne sono di diversi colori (rossa per il Papa e i Cardinali, viola per i Vescovi).

-N-

Navata
È la parte della chiesa compresa tra l'ingresso e l'altare. Quella centrale è chiamata navata principale; è la più grande ed è il posto dove si ubicano solitamente i fedeli.

Novissimi
Lo si dice delle realtà ultime a cui l'uomo va incontro alla fine della vita: morte, giudizio, inferno o paradiso.

Nullità del matrimonio
Sentenza dichiarativa con la quale si stabilisce che il matrimonio non è mai stato valido. In gergo tecnico ma impreciso si parla spesso di "annullamento" – *annulment*, in inglese; eppure la dichiarazione di nullità non "annulla" né "rende nullo" il matrimonio, ma ne dichiara l'invalidità. Altrimenti, "annullamento" sarebbe sinonimo di "divorzio", ed è qualcosa che la Chiesa non può accettare essendo il matrimonio indissolubile.
La dichiarazione di nullità del matrimonio è, dunque, la decisione di un tribunale ecclesiastico, confermato da un tribunale d'appello, secondo cui un matrimonio non era valido sin dall'inizio perché mancava di qualche elemento essenziale, come ad esempio il consenso dei contraenti (per simulazione o malattia psichica di una delle parti), o qualunque altro elemento che rende valido il matrimonio. I figli di un matrimonio dichiarato invalido sono comunque considerati dalla Chiesa legittimi.

Nunzio (Apostolico)
È il termine ecclesiastico per indicare l'ambasciatore vaticano presso un altro Stato. Questo legato pontificio ha anche funzioni di collegamento tra il Papa e la Chiesa locale. Qualche volta è chiamato pure Nunzio pontificio o papale. È sempre un Arcivescovo titolare. Nei Paesi in cui la Santa Sede non ha una rappresentanza diplomatica ufficiale, il legato pontificio con funzioni di collegamento con la Chiesa locale è chiamato Delegato apostolico.

-O-

Obbedienza

È la virtù morale per mezzo della quale si accetta e si realizza la volontà di un legittimo superiore.

Omelia

È la parte della celebrazione liturgica che proclama le meraviglie di Dio partendo dai testi sacri (letture o altre parti) e mettendoli in relazione con il mistero che si celebra e con la vita concreta della comunità.

Oratorio

Secondo il Codice di Diritto Canonico è il "luogo destinato, su licenza dell'Ordinario, al culto divino, in favore di una comunità o di un gruppo di fedeli che ivi si radunano, e al quale possono accedere anche altri fedeli con il consenso del Superiore competente" (CIC 1223). È normalmente più piccolo di una chiesa e può trovarsi anche all'interno di un altro edificio (casa, collegio, ospedale).

Ordinariato personale

Nome generico di una circoscrizione ecclesiastica personale (non delimitata territorialmente ma dal tipo di persone che ne fanno parte), governata da un Ordinario. Si applica principalmente agli ordinariati previsti dalla Costituzione Apostolica *Anglicanorum coetibus,* che sono circoscrizioni ecclesiastiche personali governate da un Vicario del Papa (composte dai fedeli provenienti dall'anglicanesimo o che hanno una relazione familiare con qualcuno di loro e che decidono liberamente di registrarsi nell'ordinariato).

Ordinario

È un termine riferito ai Vescovi diocesani e ad alcune autorità diocesane, nonché ad alcuni Superiori maggiori di un Istituto di vita consacrata. Si riferisce a chiunque abbia un ufficio con potestà esecutiva su un gruppo di chierici, sui membri di un ordine religioso o su una certa zona geografica o di fedeli della Chiesa. Oltre al Romano Pontefice, sono dunque Ordinari i Vescovi diocesani e gli equiparati, i Vicari generali ed episcopali, nonché i Superiori maggiori degli Istituti di vita consacrata e di società di vita apostolica clericali e di diritto pontificio.

Ostensorio

Custodia di metallo prezioso munita di vetro nel quale si colloca il *Santissimo Sacramento* per esporlo all'adorazione dei fedeli o per portarlo in processione.

Ostia

È la particola di pane che si usa nella Messa e che, una volta consacrata, è offerta in sacrificio.

-P-

Pallio

È una insegna pontificia che il Papa consegna agli Arcivescovi e ad alcuni Vescovi. Si tratta di una stola di lana bianca, ornata con croci nere ricamate, che gira sulle spalle e le cui estremità ricadono sul petto e sulle spalle. Esprime "la potestà che, in comunione con la Chiesa di Roma, il Metropolita acquisisce di diritto nella propria provincia" (CIC 437).

Papa-Papato

È il nome che si attribuisce al Sommo Pontefice Romano, Vicario di Cristo, successore di San Pietro nel governo universale della Chiesa Cattolica e Vescovo di Roma. In quanto tale, il Papa gode della piena giurisdizione su tutta la Chiesa della quale è il capo visibile. Le sue leggi hanno efficacia universale. Nella sua persona si esprime l'unità della Chiesa. Può essere pertanto chiamato anche *Santo Padre, Sua Santità, Sommo Pontefice, Pontefice, Capo della Chiesa Cattolica, Vescovo di Roma, Servo dei Servi di Dio, Successore di Pietro.*

Papalina

Vedi *Zucchetto.*

Parola di Dio

Si riferisce alla Bibbia o a qualsiasi sua parte. Nella liturgia la Chiesa proclama le letture bibliche come Parola di Dio.

Parrocchia
È una comunità specifica di cristiani all'interno di una Diocesi, sotto l'autorità di un pastore che assicura l'assistenza ministeriale. La maggior parte delle parrocchie hanno una identità territoriale, ma alcune possono avere caratteristiche etniche o di nazionalità. Di solito ogni parrocchia ha un proprio tempio.

Parroco
È il sacerdote che ha la responsabilità di una parrocchia. Ha il dovere di amministrare fedelmente i sacramenti e istruire la comunità nella Dottrina della Chiesa.

Pastorale
È l'emblema dei Vescovi e sta ad indicare, con la sua forma di bastone da pastore, la loro funzione di pastori del gregge cristiano.

Patriarca
È il titolo di alcuni Vescovi, soprattutto nelle Chiese orientali. Nella Chiesa latina è spesso usato come titolo onorifico (esempio: Venezia, Lisbona).

Penitenza
Con questo termine si indica sia il *Sacramento della Riconciliazione*, o penitenza, appunto, ma anche le preghiere o gli atti che il confessore impone a colui che ha confessato i propri peccati, come riparazione degli stessi.

Penitenziere
Il Canonico penitenziere è colui che nelle Chiese Cattedrali ha la facoltà ordinaria, non delegabile, di assolvere dalle censure (pene) *latae sententiae* non dichiarate e non riservate alla Sede Apostolica (cfr. CIC 518).

Pentecoste
È il cinquantesimo giorno dopo la Pasqua nel quale si celebra la discesa dello Spirito Santo sugli Apostoli. Rappresenta anche la consacrazione prodigiosa della Chiesa che inaugura la sua espansione missionaria, come è narrato negli *Atti degli apostoli* (2,1-14).

Pettorale

È la croce che i Vescovi occidentali portano sul petto, o il medaglione indossato similmente dai Vescovi orientali.

Pisside

Deriva dal greco *pyxis*, che significa cofanetto, ed è il vaso di metallo prezioso in cui si conservano le ostie consacrate quando vengono riposte nel tabernacolo.

Popolo di Dio

Espressione che si riferisce a tutti i cristiani. Il Concilio Vaticano II ha indicato con questo termine l'essere Chiesa di tutti i credenti.

Prelato

Autorità ecclesiastica alla quale è affidato il governo di una circoscrizione ecclesiastica. Questi prelati, che possono essere chiamati anche presuli, di solito sono consacrati Vescovi. Ci sono anche i cosiddetti prelati d'onore, che sono un tipo di monsignore senza potestà di governo.

Postulatore

È la persona che si incarica di promuovere, secondo le norme canoniche, una causa di beatificazione o canonizzazione.

Postulazione

È un termine tecnico che si riferisce ad alcune petizioni, come ad esempio la postulazione di una beatificazione o canonizzazione o per l'ingresso di una persona in una Congregazione religiosa.

Potestà

È la facoltà o il potere di esercitare l'autorità e di compiere azioni giuridicamente valide.

Predicazione

È il mezzo principale per l'annuncio della dottrina cristiana. Vedi anche *omelia*.

Prefettura apostolica

Circoscrizione ecclesiale o Chiesa particolare che, per motivi importanti, non è stata ancora costituita come Diocesi ed è affidata alla cura pastorale di un Prefetto apostolico (invece che a un Vescovo) che la governa in nome del Papa (cfr. CIC 371).

Prelatura personale

Una Prelatura personale è una circoscrizione ecclesiastica che, invece di essere delimitata da un territorio, è determinata da un criterio personale, cioè dal tipo di persone che la compongono (emigranti di una determinata nazione, fedeli con una professione o altro tipo di fedeli con necessità di attenzione pastorale speciale). I fedeli delle prelature personali sono anche fedeli della Diocesi dove vivono. Le Prelature personali sono rette da un Prelato, che ha giurisdizione determinata negli statuti che la Santa Sede attribuisce alla Prelatura. L'unica Prelatura personale esistente al momento è quella dell'Opus Dei.

Prelatura territoriale

La prelatura territoriale, o abbazia territoriale, è definita dal canone 370 del Codice di Diritto Canonico come "una determinata porzione del popolo di Dio, circoscritta territorialmente", la cui cura è affidata, "per circostanze speciali, ad un Prelato o ad un Abate che la governa a modo di Vescovo diocesano, come suo pastore proprio". In Italia sono Prelature territoriali, ad esempio, quelle che ricadono nel territorio dei Santuari di Loreto e Pompei.

Presbiterio

Si riferisce sia alla parte della chiesa che circonda l'altare, riservata perciò ai presbiteri durante la celebrazione liturgica, ma anche all'insieme dei presbiteri di una Diocesi.

Prete (diocesano/religioso)

Il sacerdote diocesano o secolare opera sotto la direzione del Vescovo della Diocesi in cui è incardinato. Il sacerdote religioso invece è un membro professo di un Istituto religioso. Quando questi sacerdoti religiosi compiono lavori pastorali, sono sotto le direttive del Vescovo della Diocesi in cui operano. Il prete di solito è chiamato Padre e, se svolge funzioni di direzioni spirituali, è consueta la denominazione di *Padre spirituale.*

Processione

È un corteo religioso più o meno solenne che si effettua spostandosi da un luogo sacro ad un altro ed è destinato a ricordare i favori di Dio o a rendergli grazie, o ancora ad implorare il suo aiuto. È simbolo della Chiesa pellegrina nel mondo verso la patria definitiva del cielo.

Proclamazione

Corrisponde alla lettura del Vangelo o di un altro testo sacro di fronte all'assemblea e con una certa solennità, rispetto e venerazione, e all'interno della celebrazione liturgica.

Proto-diacono

Il Cardinale proto-diacono è colui che annuncia al popolo il nome del Papa appena eletto. Inoltre, impone il pallio ai Metropoliti in nome del Romano Pontefice (CIC 355).

Provincia

È il raggruppamento di un'Arcidiocesi, chiamata Sede metropolitana, e di altre Diocesi chiamate sedi suffraganee (*provincia ecclesiastica*). In un altro contesto, è il raggruppamento di comunità di un Istituto religioso sotto l'autorità di un Padre provinciale (*provincia religiosa*).

Provvidenza

Il governo o cura che Dio ha del mondo e di ogni persona in ordine alla realizzazione del suo disegno di salvezza. Comunemente, si parla di essa in termini di personificazione: la *divina provvidenza* è Dio stesso che si prende cura di ognuno dei suoi figli.

Pulpito

È il palco sopraelevato, spesso addossato a una colonna nella navata centrale della Chiesa, riservato alla proclamazione della Parola. Dopo la riforma liturgica postconciliare non viene più usato, e si ritiene più adeguato per la predicazione liturgica l'ambone o la sede del presidente.

-Q-

Quarantore

È una pratica devozionale, introdotta a Milano nel XVI secolo, che consiste nell'adorazione del *Santissimo* per circa quaranta ore in tre giorni consecutivi, ovvero per il tempo in cui il corpo di Gesù rimase nel sepolcro.

-R-

Redenzione

Deriva dal latino *red-emptio*, che significa ri-acquisto, riscatto, e sta ad indicare il ristabilimento dell'amicizia con Dio. Cristo, attraverso la sua Passione, ottiene al cristiano il recupero della grazia di Dio perduta con il peccato.

Religiosità popolare

Racchiude tutte quelle pratiche, preghiere e pii esercizi di determinati popoli e culture.

Reliquie

Sono i resti dei corpi dei santi, generalmente delle loro ossa. Per estensione, è riferito anche agli oggetti appartenuti a un santo. Il culto delle reliquie richiede l'approvazione dell'autorità ecclesiastica.

Rescritto

È la risposta scritta che un'autorità dà a una richiesta (petizione) che le è giunta e per mezzo della quale viene concesso un privilegio, dispensa o altra grazia. Il termine si usa soprattutto per le risposte degli organismi della Santa Sede. (cfr. CIC 59-75).

Rito
È la cerimonia religiosa che si svolge secondo norme specifiche, seguendo schema e ordine prestabiliti. In esso si fa ricorso anche a una serie di simboli e segni. Può riferirsi sia alla cerimonia nella sua interezza, che ad una parte della stessa.

Rituale
È il libro liturgico che contiene le formule e i riti delle celebrazioni dei sacramenti.

Rosario
È la preghiera mariana per eccellenza, con la quale si rende lode alla Beata Vergine Maria, meditando i grandi momenti della vita di Gesù e della Madonna. È suddiviso nei misteri *gaudiosi*, *luminosi*, *dolorosi* e *gloriosi*, ognuno dei quali prevede la recita di 5 decine dell'Ave Maria.

Rota Romana
È il tribunale della Santa Sede che ha competenza universale, sebbene la maggioranza delle cause che tratta, riguardano vicende di nullità matrimoniale.

-S-

Sacerdote
È la persona che, per la sua configurazione a Cristo, possiede il sacerdozio.

Sacerdozio
È la capacità posseduta da una persona per fare da tramite e intercedere tra Dio e gli uomini, offrendo un sacrificio. Gesù è il sacerdote per eccellenza, in quanto per mezzo della sua unione con Dio, possiede questa capacità in se stesso. Qualsiasi altro sacerdozio procede da quello di Cristo.
Si distinguono due tipi di sacerdozio: quello *comune o regale* proprio di ciascun battezzato come persona configurata a Cristo, e quello *ministeriale o gerarchico*, che appartiene invece a chi ha ricevuto il sacramento dell'Ordine e svolge una funzione o un ministero all'interno della comunità ecclesiale.

Sacramenti

Secondo la Dottrina cattolica (così come quella ortodossa) ci sono sette Sacramenti istituiti da Cristo per trasmettere la grazia di Dio: *Battesimo, Cresima, Eucarestia, Riconciliazione, Matrimonio, Ordine sacro, Unzione degli infermi.* I primi tre sono anche chiamati i sacramenti dell'*iniziazione cristiana*, e nella tradizione delle Chiese orientali sono amministrati insieme nell'infanzia. L'Eucarestia normalmente viene data quando il bambino raggiunge l'età della ragione, intorno ai sette anni. L'Unzione degli infermi era chiamata *estrema unzione* perché veniva amministrata soltanto a una persona in pericolo di vita; adesso può essere data anche in altre circostanze.

Sagrestia

È il locale della chiesa in cui i sacerdoti si preparano per le funzioni e dove si conservano gli arredi sacri.

Santa Sede

È il termine con cui si fa riferimento al Papa e all'insieme di uffici – Congregazioni, Tribunali, Consigli ecc. – che lo aiutano nel suo compito di governo mondiale della Chiesa. Spesso il termine Santa Sede oppure Sede Apostolica è erroneamente sostituito da quello di *Vaticano*, che invece attiene allo Stato della Città del Vaticano costituito dai Patti Lateranensi del 1929.

Santissimo Sacramento

Si riferisce alle specie consacrate nella celebrazione eucaristica. Si custodisce nel tabernacolo o si espone per la sua adorazione pubblica, nell'*ostensorio.*

Scapolare

È un abito lungo di stoffa che pende sul petto e sul dorso ed è distintivo dell'abito degli ordini religiosi. Anche i laici lo indossano come segno di adesione a una determinata spiritualità, sottoforma di piccolo pezzo di tessuto o di medaglia con le effigi del Sacro Cuore e della Madonna del Carmine.

Schola cantorum

È l'espressione latina con la quale si fa riferimento al coro di cantori che animano le celebrazioni liturgiche.

Scisma

Rappresenta la scissione, la separazione di una parte dei membri di una comunità. Nella Chiesa è riferita in particolare a coloro che si separano dall'autorità del Papa.

Scomunica

È la pena, o censura, con cui una persona battezzata cattolica è esclusa dalla comunione dei fedeli, per aver commesso un delitto punito in questo modo dalla legge canonica. Anche se scomunicata, una persona è responsabile per quanto concerne i suoi doveri di cattolico.

Sede titolare

Quando un Vescovo non è a capo di una Diocesi, riceve una "sede" titolare, vale a dire che esiste solamente nel nome; una volta era una Diocesi, che attualmente non esiste più per ragioni storiche o ecclesiastiche. In genere hanno sede titolare i Vescovi ausiliari e i Vescovi, come i Nunzi, impiegati nei servizi centrali della Chiesa.

Sede Vacante
È il periodo che decorre dalla cessazione del titolare della sede (per morte, rinuncia, rimozione) fino alla nomina e presa di possesso del suo successore. L'espressione si usa soprattutto nel caso della Santa Sede.

Segnatura apostolica
Supremo tribunale della Santa Sede che si occupa soprattutto della validità procedurale nelle sentenze di altri tribunali (cfr. CIC 1445).

Seminario
È il luogo in cui giovani uomini vengono preparati a diventare sacerdoti.

Separazione matrimoniale
Si riferisce all'interruzione della convivenza coniugale. Il Diritto canonico riconosce questo diritto al coniuge innocente quando l'altro coniuge commette adulterio, ma gli raccomanda di non rifiutare il perdono e di non interrompere la vita coniugale (cfr. CIC 1151-1155).

Sigillo (segreto) sacramentale
È l'obbligo assoluto di mantenere il segreto che spetta al confessore riguardo a ciò che ha ascoltato in confessione.

Simonia
È il peccato di chi cerca di ottenere dei beni spirituali in cambio di denaro o di altri beni materiali.

Sinodo dei Vescovi
È un'assemblea di Vescovi, scelti dalle diverse regioni del mondo, che si riunisce in determinati momenti per favorire una stretta unione tra il Romano Pontefice e i Vescovi stessi. I partecipanti sono eletti dalle Conferenze episcopali delle diverse nazioni, in proporzione al numero dei loro membri, mentre alcuni sono designati direttamente dal Papa.

Sinodo diocesano
È un'assemblea di presbiteri e di altri fedeli scelti per aiutare il Vescovo nel suo lavoro pastorale.

Sinottici
Termine che si utilizza per indicare i Vangeli di Matteo, Marco e Luca, per il modo similare in cui narrano gli stessi fatti o insegnamenti.

Sistina (Cappella)
È una cappella di vaste proporzioni fatta costruire da Papa Sisto IV perché si potesse utilizzare durante la costruzione della Basilica di San Pietro. In essa è custodito il Giudizio universale ed altri affreschi di Michelangelo. È anche il luogo in cui i Cardinali riuniti in Conclave eleggono il Papa.

Sospensione
È la punizione con cui un sacerdote, anche se mantiene lo stato clericale, non può fino a nuovo ordine compiere le attività legate al suo status, quali ascoltare la confessione, predicare o amministrare i sacramenti.

Spirito Santo
Si riferisce alla terza persona della Santissima Trinità che vive nella Chiesa e nel cuore di ogni credente.

Stola
È un elemento dell'abito liturgico e consiste in una lunga striscia di stoffa che si indossa sopra al camice, in modo che, dopo averla incrociata sul petto e legata mediante il cingolo, le due frange scendano fin quasi alle ginocchia. Si usano di colori diversi, a seconda del colore liturgico del giorno. È anche segno della funzione sacerdotale. Il diacono la indossa diagonalmente, con le due frange unite sul fianco.

Suffragio
Preghiera che la Chiesa offre per i vivi o per i defunti, anche se nella pratica il termine si usa unicamente nel caso di preghiere liturgiche per i defunti.

Suora

Nel termine più specifico, monaca è un membro di un Ordine femminile che ha preso i voti solenni. Nell'accezione più ampia, suora è una donna che fa parte di un Istituto religioso.

-T-

Tabernacolo

È l'edicola al centro dell'altare, generalmente ornata in maniera artistica, in cui si custodisce il *Santissimo Sacramento.*

Te Deum

"A te, o Dio" è l'inizio di un noto inno di ringraziamento che si recita nella *Liturgia delle ore* e che la Chiesa canta in determinate circostanze di ringraziamento solenne, come ad esempio l'ultimo giorno dell'anno civile.

Tiara

Detta anche *triregno*, è la corona triplice usata dai Pontefici fino al Concilio Vaticano II. Paolo VI, con un gesto simbolico, regalò quella che gli era stata donata alla sua elezione e da quel momento è stata sostituita dalla semplice mitra, simbolo della dignità episcopale.

Tribunale

È il luogo in cui si esercita la giustizia ecclesiastica. Ogni Diocesi ha un tribunale diocesano, e il tribunale dell'Arcidiocesi funge da tribunale di secondo livello per dibattere in appello le cause già giudicate nel tribunale di una Diocesi suffraganea.

Triduo pasquale

È la celebrazione del *mistero pasquale* di Cristo, ossia del suo passaggio dalla morte alla vita definitiva. Comincia il *Giovedì Santo* con la messa vespertina, detta "in cena Domini" e prosegue fino alla Domenica di Risurrezione. Il suo culmine è la *Veglia pasquale.*

Trinità
È il nome che si attribuisce a Dio e che esprime il suo essere un'unica natura in tre persone (Padre, Figlio e Spirito Santo).

-U-

Unzione degli infermi
È il sacramento per mezzo del quale Dio, tramite la Chiesa, offre la sua grazia all'uomo in una situazione di grave malattia. La finalità non è la guarigione fisica, poiché l'ambito dei sacramenti è l'ordine spirituale, anche se la salute può trarne giovamento per effetto del miglioramento spirituale.

Urbi et orbi
Si traduce "alla città di Roma e al mondo" ed è l'espressione usata nel linguaggio ecclesiale per indicare ad esempio un tipo di benedizione del Papa, la *urbi et orbi* appunto, in determinati momenti e solennità, come quella fatta al popolo al momento della propria elezione.

-V-

Vangelo/i
Deriva dal greco e significa "buona novella, buona notizia". I cosiddetti "canonici" sono 4 e vengono denominati secondo Matteo, Marco, Luca e Giovanni. Rappresentano in sostanza una collezione di tradizioni orali su Gesù, messe per iscritto.

Vaticano (Stato della Città del)
È lo stato in cui risiede il Papa, sorto nel 1929 a seguito dei Patti Lateranensi, stipulati tra la Santa Sede e lo Stato italiano. Ha una superficie di appena 44 ettari ed è quindi il più piccolo stato indipendente del mondo, sia in termini di numero di abitanti che di estensione territoriale. La forma di governo è la monarchia assoluta. Capo dello Stato è il Sommo Pontefice, che ha la pienezza dei poteri legislativo, esecutivo e giudiziario.

Vescovo

È la più alta forma di ministero ordinato nella Dottrina cattolica. La maggior parte dei Vescovi sono Vescovi diocesani, cioè hanno la responsabilità della guida di una Diocesi. Altri invece sono nominati come Vescovi *titolari*; sono Vescovi, ma non hanno una Diocesi territoriale (in genere il loro titolo si riferisce a una Diocesi che non esiste più), e ricoprono uffici e incarichi di rilievo nella Curia Romana e nella Santa Sede o altri incarichi pastorali. I+n alcuni casi, ai Vescovi diocesani viene assegnato un *coadiutore*, che diventa automaticamente titolare della Diocesi quando il predecessore si ritira o viene a mancare. Oltre alla responsabilità personale nella Diocesi, i Vescovi hanno la responsabilità di agire con gli altri Vescovi nella guida della Chiesa universale.

Vespri

I vespri – come le lodi – sono parte della *Liturgia delle ore*, la serie di Salmi, preghiere e letture che i ministri e i membri degli Istituti di vita consacrata devono recitare quotidianamente in determinate ore del giorno (in modo individuale, comunitario e anche solenne).

Via Crucis

Dal latino "Via della Croce", è un rito della Chiesa cattolica con cui si ricostruisce e commemora il percorso doloroso di Cristo che si avvia alla crocifissione sul Golgota. Si compone di 14 scene, prese generalmente dai Vangeli, dette *stazioni*.

Viatico

Sta ad indicare la comunione amministrata ai fedeli gravemente infermi, come alimento spirituale con cui affrontare il viaggio all'altra vita, dopo l'estrema unzione.

Vicariato

Si riferisce a una zona geografica o a un gruppo di persone o attività che il Vescovo di una Diocesi affida ad un Vicario.

Vicariato apostolico

È una giurisdizione ecclesiastica simile alla *Prefettura apostolica* e si riferisce a "una determinata porzione del popolo di Dio che, per circostanze peculiari, non è ancora stata costituita come Diocesi ed è affidata alla cura pastorale di un Vicario apostolico, che la governa in nome del Sommo Pontefice (CIC 371,1).

Vicario

Colui che esercita una funzione in nome di un altro e con la sua autorità

Voto

Si definisce voto una promessa fatta a Dio. È chiamato *pubblico* se viene accettato dal legittimo superiore in nome della Chiesa, diversamente è detto *privato.*

-Z-

Zucchetto

Copricapo a forma di piccola calotta emisferica usato dal Papa (bianco), dai Cardinali (rosso) e dai Vescovi (viola).

Post scriptum

IL DICASTERO PER LA COMUNICAZIONE DELLA SANTA SEDE

Il Dicastero per la Comunicazione è un organismo della Curia Romana istituito inizialmente come "Segreteria" da Papa Francesco il 27 giugno 2015 con la Lettera apostolica in forma di "motu proprio" denominata *L'attuale contesto comunicativo*[1]. Da quel momento in poi – secondo uno specifico cronoprogramma – le diverse realtà che lungo gli anni si erano occupate della comunicazione della Santa Sede, sono state accorpate in un'unica struttura, allo scopo di "rispondere meglio alle esigenze della missione della Chiesa".

La riforma era dettata, appunto, dall'"attuale contesto comunicativo", principalmente caratterizzato dalla presenza e dallo sviluppo dei *digital media*, in un panorama comunicativo totalmente convergente e interattivo.

Tra i primi a confluire sotto l'egida della nuova Segreteria è stato il Pontificio Consiglio delle Comunicazioni Sociali, risalente al 1948 e istituito da Papa Pio XII. Quindi, a seguire, la Sala Stampa della Santa Sede (nata il 20 febbraio 1939), il Servizio Internet Vaticano (lanciato il 20 dicembre 1995), la Radio Vaticana (risalente al 12 febbraio 1931), il Centro Televisivo Vaticano (istituito il 22 ottobre 1983), L'Osservatore Romano (quotidiano, il cui primo numero porta la data dell'1 luglio 1861), la Tipografia Vaticana (naturale sviluppo dell'allora Stamperia vaticana fondata da Papa Sisto V il 27 aprile 1587), il Servizio Fotografico e la Libreria Editrice Vaticana (nata nel 1926).

Lo statuto del nuovo Dicastero è stato promulgato *ad experimentum* il 6 settembre 2016, entrando in vigore il 1° ottobre successivo, mentre l'attuale denominazione è stata stabilita direttamente dal Papa il 23 giugno del 2018.

Il nuovo organismo – che ha attuato principalmente un processo di riorganizzazione e accorpamento – è articolato in cinque direzioni.

La prima direzione è quella degli **Affari generali**. Si occupa, ad esempio, degli aspetti amministrativi, organizzativi e di formazione delle risorse umane, oltre agli aspetti legali in ambito contrattuale, la logistica e il coordinamento di iniziative di rappresentanza in giro per il mondo.

---

[1] FRANCESCO, Lettera apostolica in forma di "motu proprio" *L'attuale contesto comunicativo*, 27-VI-2015, in w2.vatican.va/content/francesco/it/motu_proprio/documents/papa-francesco-motu-proprio_20150627_segreteria-comunicazione.html.

Segue la **Direzione editoriale**, che guida l'indirizzo e il coordinamento di tutte le linee editoriali di competenza del Dicastero, così come lo sviluppo strategico delle nuove forme di comunicazione; all'inizio è stata affidata *ad interim* allo stesso Prefetto-capodicastero.

La **Sala Stampa della Santa Sede,** che continua a svolgere prettamente un lavoro di ufficio stampa, è stata affidata a un direttore laico, il giornalista Greg Burke, e a una vicedirettrice, la prima donna ad avere un incarico di direzione in Vaticano, Paloma García Ovejero, anch'ella giornalista.

Alla **Direzione Tecnologica** è affidata invece la gestione integrata delle piattaforme e di tutti servizi tecnologici legati all'attività comunicativa della Santa Sede, oltre alla progettazione e all'implementazione di nuovi servizi.

Infine, c'è la **Direzione Teologico-pastorale**, che ha sostituito nei fatti il lavoro dell'allora Pontificio Consiglio delle Comunicazioni Sociali. Si occupa di elaborare la visione teologica della comunicazione secondo il Magistero pontificio, promuovendo, tra le altre cose, la formazione teologico-pastorale sia all'interno del Vaticano che a livello di Chiese particolari.

Attualmente, fanno parte del Dicastero in qualità di Membri 17 persone: 7 Cardinali, 7 Vescovi e 3 laici, di cui due donne, che provengono dai cinque continenti; Papa Francesco ha poi nominato nel corso del tempo 13 Consultori, di varia provenienza, con competenze nell'ambito della comunicazione.

Si tratta del primo Dicastero della Curia Romana che sin dall'inizio non ha avuto al suo vertice come Prefetto un Cardinale o un Vescovo. Fino al 21 marzo 2018 era affidato, infatti, al sacerdote italiano Dario Edoardo Viganò, oggi sostituito dal giornalista laico Paolo Ruffini, con una lunga carriera sia nel campo dell'informazione scritta che nell'ambito delle tv generaliste. Viganò è passato a essere Assessore (consulente), mentre il ruolo di Segretario è sin dall'inizio nelle mani del sacerdote argentino Lucio Adrian Ruiz.

Alla fine del 2017 è stato anche completato il cosiddetto "modello produttivo dei media vaticani", fondato sull'integrazione e la gestione unitaria dei contenuti mediatici prodotti e trasmessi dalla Sede Apostolica. Dopo aver consolidato gli aspetti economici e tecnici, si è dato finalmente corpo al *Centro Editoriale Multi-*

mediale, che quotidianamente produce ogni tipo di contenuto, dalle registrazioni audio ai testi, passando per i filmati e la grafica, in modalità multilingue e multi-canale.

Questi contenuti vengono coordinati dalla Direzione Editoriale. Al momento ne fanno parte circa 70 persone, ripartite in 6 divisioni linguistiche – italiano, inglese, francese, tedesco, spagnolo e portoghese – e in 4 aree tematiche: Papa, Vaticano, Chiesa e Mondo.

A regime, la Direzione editoriale accoglierà le circa 350 unità tra redattori e tecnici anche dalle altre redazioni linguistiche, oltre una trentina, delle istituzioni che compongono il Dicastero per la Comunicazione, compresi L'Osservatore Romano, il Servizio Fotografico e la Tipografia Vaticana.

L'aspetto più visibile di questa riforma è possibile evincerlo dal Portale web *Vatican News* *www.vaticannews.va*, inaugurato il giorno dell'81° compleanno di Papa Francesco, il 17 dicembre 2017. Il nuovo sistema d'informazione della Santa Sede propone tutti i tipi di contenuti multimediali nelle 4 aree tematiche informative scelte dalla Direzione, essendo andato a sostituire tutti i siti Internet e i canali social a carattere informativo utilizzati in precedenza.

"Superando il concetto di semplice convergenza digitale – si legge nella *mission* -, intende rispondere e in un certo senso anticipare i continui cambiamenti di luogo e forma della comunicazione". Da qui l'interazione sul piano multilinguistico, multiculturale, multicanale, multimediale e multidevice.

Sono tre nello specifico i *brand* legati ora alla storia dell'informazione della Santa Sede: lo stesso *Vatican News*, che identifica anche i canali social di ciascuna redazione linguistica; il marchio *Vatican Media*, che identifica tutto ciò che riguarda la produzione multimediale, indipendentemente dal mezzo di trasmissione (documentari, dirette radiofoniche e televisive, ecc.); e *Radio Vaticana Italia*, riferito alla radio di flusso nazionale disponibile in DAB +, digitale terrestre e FM nell'area della citta e provincia di Roma.

Al Dicastero per la Comunicazione è affidata anche la gestione del profilo *Twitter* di Papa Francesco (@pontifex), declinato in 9 lingue, nato nel 2012 sotto il pontificato di Benedetto XVI. Alla fine del 2018 contava circa 48 milioni di followers. Il canale *Instagram* (@franciscus), invece, nato il 19 marzo 2016 e ugualmente gestito dal Dicastero, aveva quasi raggiunto la quota di 6 milioni.

Un'ulteriore sezione è quella denominata *Media Projects*, che si occupa di valutare eventuali progetti documentaristici legati a riprese video e fotografiche delle cerimonie e dei vari luoghi direttamente dipendenti dalla Santa Sede, rilasciando le opportune autorizzazioni.

Ricevendo in udienza i partecipanti alla prima Plenaria dell'allora Segreteria per la Comunicazione, nel maggio del 2017, Papa Francesco aveva parlato di riforma irreversibile, invitando ad avere come "criterio-guida" l'elemento "apostolico-missionario, con una speciale attenzione alle situazioni di disagio". Aveva poi invitato a non attaccarsi a "un passato glorioso" ma a mettere in atto un "grande gioco di squadra per meglio rispondere alle sfide" che la comunicazione odierna comporta[2].

[2] Cf. FRANCESCO, *Discorso ai partecipanti alla Plenaria della Segreteria per la Comunicazione*, 4-V-2017, in w2.vatican.va/content/francesco/it/speeches/2017/may/documents/papa-francesco_20170504_plenaria-segreteria-comunicazione.html.

Printed by Books on Demand GmbH, Norderstedt / Germany